Kenshi Hirokane ◎知識ゼロからの◎ *Business Manner*

ビジネスマナー入門

弘兼憲史

幻冬舎

知識ゼロからのビジネスマナー入門

はじめに

今の若者のマナーが悪いと言われるが、思えば我々の世代もマナーが悪かった。大学時代に教授（先生）を呼び捨てにしていたし、自由奔放に生きていたのではないかと思う。

ボクは電機メーカーに就職し、『島耕作』と同じ販売助成部に配属になったのだが、当初は伝票の意味もわからず苦労したり、さまざまなことを教えてもらったし、失敗もしている。

伝票の書き方はもちろんのこと、電話の取り方（電話は利《き》き手の逆で取れ、利き手でメモをとるため）、名刺の受け渡し方、敬語（大阪の勤務だったので大阪の方言を練習した。郷に入れば郷に従えだ）、ビジネス文章など、さまざまなことを会社で学んだ。ボクの時代にはワープロなんてなかったから、ほとんど手書きで、おかげで字はうまくなった……。

部長に飲みに連れてってもらって、一番最初にオシボリを受け取ってしまったり、店の上座に座って課長に怒られたり、タクシーでは気を遣って、降りるとき大変だろうからとボクが後部座席の一番奥に座ったのに、やはり後で課長に注意を受けたりといろいろなミスをしている。

ボクがいた販売助成部はコンパニオンを教育する所だったので、あいさつの仕方などの基本的なマナーは一緒に学ぶことができた。マンガ家になって、この時代に学んだ基本的なマナーのおかげで人と会うのに億劫《おっくう》にならずにすんだと感謝している。マナーと言ってもさまざまあるが、自分さえよければ後はどうでもよいといった考えや行為は絶対にやめるべきだと思う。例えば道路横のグリーンベルトに平気でゴミを捨てる人がいるが、このような公共の場に物を捨てるという行為をする人は、もう一度小さいころに戻って道徳の勉強をした方がいいだろう。

食事のマナーは、社会人になってから困らないように最低限のことは守りたい。和食の場合は箸《はし》の使い方には気をつけたいし、物を食べるときに音をたてて食べる人がいるが、嫌がる人は本当に嫌がるので、音をたてない食べ方を練習してほしい。西洋料理は誰でもが食べる機会がある時代だから、マナーはきちんと覚えると絶対に役立つはずだ。

他には葬式や結婚式でのマナーやタブーがあるが、これは地方によって異なるし、ついつい忘れがちになってしまうので、ボクはでかける前に本を見て確認している。

また、日本の国際化により諸外国の人たちと接する機会も増えてきたので、食事のことはもちろん、生活習慣、宗教的タブーなどの外国のマナーやしきたりをもっと知ることも大切だと思う。特に若い人たちは、国際人としての常識をきっちりと身につけてほしいと思う。

ビジネスマナーしかり、生活マナーしかり、相手を思いやる気持ちがとても大切だろう。若いからダメなんだと言われないように、人に迷惑をかけない最低限のマナーはきちんと身につけたいものだ。

弘兼　憲史

CONTENTS

知識ゼロからのビジネスマナー入門

Chapter 3

仕事の実務編

Chapter 4

トラブル解決編

Chapter 5 おつき合いとマナー編

Business Manner Chapter 1

身だしなみ編

スーツはワンシーズン最低４着用意する

職業別・ファッションの基本

スーツ・Ｙシャツ・ネクタイのコーディネート

カバン、時計、手帳にも気を配る

髪型の基本、男性すっきり、女性は清潔に

身だしなみの基本注意事項5の法則

ビジネスマンにとって、スーツをはじめとする身だしなみもとても重要なものとなる。

1 ファッションリーダーを探せ

どんな会社でも、自他ともに認めるファッションリーダーといわれる人はいるもの。もしくは、自分がいいなと思う先輩や上司のファッションを参考にすればよいだろう。

ただ、あまりにも体型が違っている人は、いくら真似をしてもダメ。また、すべてのブランド、カラーを真似るのも失笑もの。あくまでも参考にして**自分流に着こなすことが大切。**

2 常に清潔さを保て

元気のよさと、若者らしいすがすがしさは、誰からも好印象をもたれるものだ。さわやかさと清潔さを演出してくれるのが、ファッションの基本といってもよいだろう。プレスのきいたスラックス、スカート、のりのきいたパリッとしたＹシャツ、ブラウス、ネクタイなど、常に清潔さを保ちたい。**仕事のできる奴はファッションもきまっている。**

3 ファッションは足元から

仕事のできる奴かできない奴かは、足元を見ればわかるといわれる。これは仕事のできる奴は頭の先からつま先までスキがないということで、靴もピカピカに光っていないと仕事ができない奴と思われても仕方がないらしい。

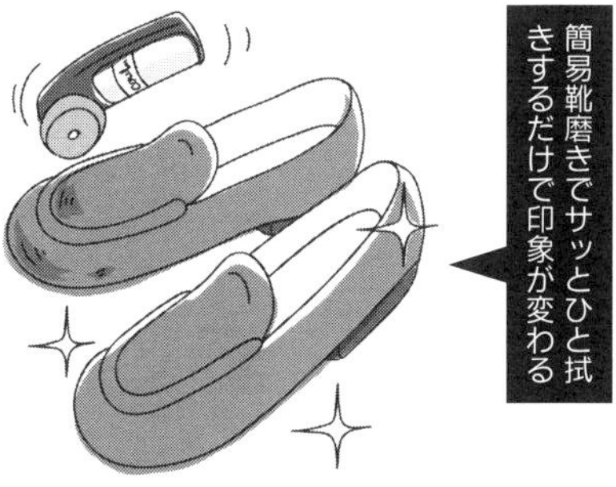
簡易靴磨きでサッとひと拭きするだけで印象が変わる

ボクは決してそうは思わないが、それでもピカピカの靴を見るとすがすがしさと若者らしさを感じるから、汚れてきたら磨いて常にきれいにしておきたいね。

4 ひかり物は避けろ

ひかり物が好きという人はいっぱいいるが、20代のうちは極力避けたい。あまり人から見えない箇所のひかり物（ネックレス、ペンダントなど）はＯＫだが、ブレスレットやあまりにも豪華で金色に輝いている時計、指輪は避けたい。生意気な奴と思われるのがおちだ。

5 ワンシーズン最低４着用意しよう

通常スーツは春・夏、秋・冬ものになる。ワンシーズン最低４着は用意したい。毎日同じスーツではオシャレ度も半減するし、清潔、新鮮度も半減してしまう。

また、同じスーツをずっと着ていると傷むのも早くなるので４着をうまくコーディネートするとよいだろう。お金に余裕があれば、５～６着あればさらにベストだ。

職業別ファッション6の法則

どんな職業でも清潔さと若者らしいファッションを心がけたい。

1 マスコミ業界

マスコミといってもさまざまな仕事がある。テレビ・ラジオ局、出版社、新聞社、通信社などが代表的なものだろう。

テレビなどで見かける政治番記者や経済記者などはスーツでビシッときめている。スポーツ関係、出版社は比較的ラフでもOKだが、それでも衿《えり》付きが常識だ。

記者や編集者でも、担当する業界や会う人によっては**TPOをうまく使い分けたい**ものだ。ただし、営業職はどんな場合でもスーツが原則である。

新人の場合は、紺やグレーのスーツやブレザーにスラックスを合わせたトラディショナルなスタイルでもOKだが、ダブルのブレザーは生意気な人間と思われる可能性が高いのでやめておいた方がよいだろう。ネクタイもあまり派手でないものを選択したい。

2 広告代理業

広告代理業といっても営業職、クリエイティブ(制作)、内勤（経理、総務）とでは、ファッションは多少異なってくる。

営業職はもちろんスーツになるが、広告代理業の場合はブレザーでもOKだ。ただし、新入社員はダブルを着用するのはまだまだ早い、1年はシングルでガマン。内勤もスーツかブレザーでよい。

クリエイティブ（制作）は比較的ラフなスタイルでよいが、営業とクライアントに打ち合わせで出かける場合はインナーは衿付きのものが常識だろう。

常に**クライアントに不愉快な思いをさせないファッション**を心がけたいものだ。

3 金融業界

男性はまさにビシッとスーツできめなければいけない業界。営業職はもちろんのこと、内勤もしかり……。

特に外回りの人は紺かグレーのシングルのスーツ、落ち着いたネクタイ、白Yシャツが定番。髪も短くし、ヒゲはタブーとされている。

女性は制服が支給されるので男性より楽だが、それでも常に制服はアイロンのきいたもので、インナーのブラウスは清潔なものにしたい。

4 サービス・流通・アパレル業界

デパートの場合は、内勤、売り場、外商とも男性はスーツが基本になる。女性の場合は制服が支給されるのでインナーを常に清潔なものにしたい。

特に接客の仕事を担当する場合はファッションだけでなく、爪や髪型などにも十分注意し、**相手に不愉快な思いをさせない**ようにしたい。

アパレル業界は、まさにセンスが求められる職業といっても過言ではない。ただ、アパレル業界の掟《おきて》として必ず自社ブランドを着用しなくてはならない。

あなたはまさに会社の宣伝マンなのだ。これは営業職、販売担当、内勤も同様だ。うまく自社商品（スーツ、カジュアルしかり小物まで）をコーディネートして、おおいに自社商品をアピールしよう。

5 商　社

世界をまたにかけてビジネスをする商社マンは紺かグレーのスーツでビシッときめたい。ただ、他の業界よりもそんなにうるさくないともいわれる。多少ストライプの入ったものや、アルマーニなどのブランド品でもOKだろう。

ただし、世界を相手にするのだからスーツ、ネクタイ、靴、時計、鞄などもそこそこよいものを身につけたいものだ。

相手はあなたの誠実さとファッションを見て、仕事のできる奴かをしっかりチェックしているぞ。

6 メーカー

メーカーといってもさまざまなメーカーがある。ボクが昔お世話になった家電メーカーをはじめ、自動車、食品などなど……。

メーカーにはさまざまな部署があるが、男性はスーツが基本。他の業界と違いあまりうるさくはないが、職務規定の中に服装も定められている場合が多いのでそれを守ればOK。ただし、営業職は紺とグレーが基本。宣伝はジャケットやブレザーにスラックスでもOK。

女性は内勤であれば制服を支給されるのでインナーに気を付ければ大丈夫だが、営業職はスーツやブレザーなどでコーディネートするとよいだろう。

どんな部署であれ、先輩のセンスをうまく取り入れたい。

ネクタイの結び方

ネクタイには実にたくさんの結び方がある。ネクタイはスーツのVゾーンを演出する一番大きなアクセントだ。スーツやシャツに合わせた結び方を選びたい。また、いくら高価なスーツを着込んでも、ネクタイがキチンと結ばれていなかったら台なしである。ここでは代表的な結び方を紹介する。

セミ・ウィンザー・ノット

結び目が大きすぎず、小さすぎず形くずれしにくく、どんな形のカラー（衿）にも合う。最もポピュラーな結び方。

1

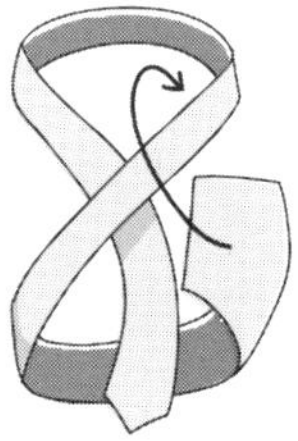

2

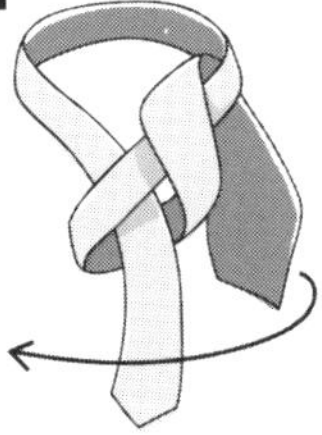

3

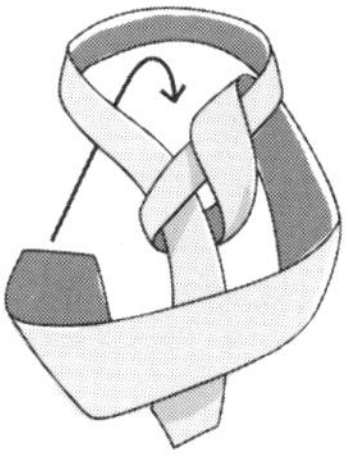

4

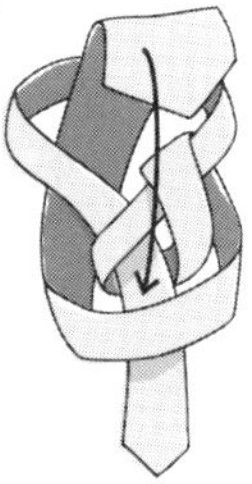

5

6

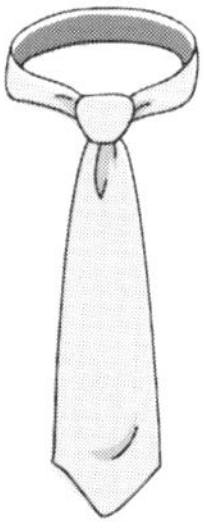

プレーン・ノット

一番簡単な結び方。普通幅のカラーや、ボタンダウンなどカジュアルなカラー（衿）にも合う。

1

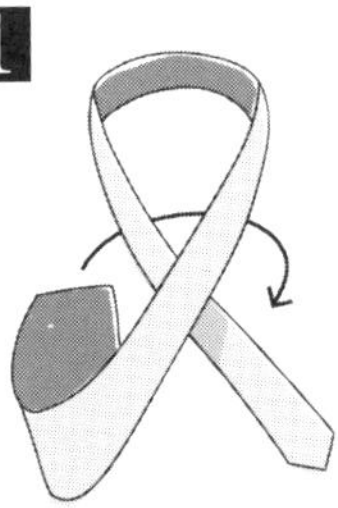

2

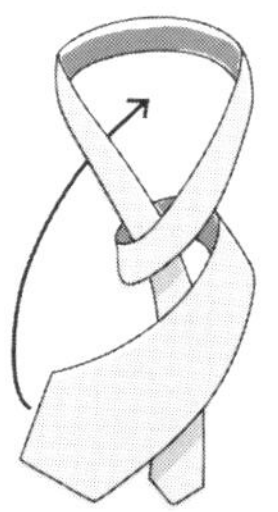

3

4

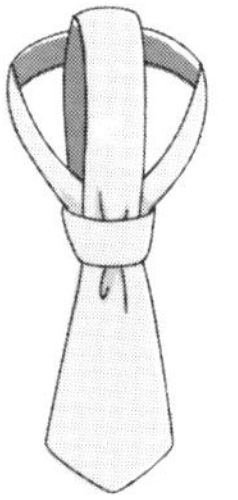

きれいに結ぶコツは？

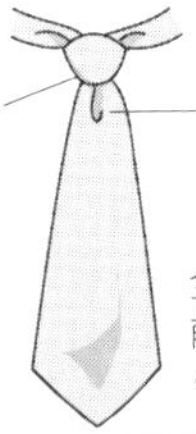
結び目はふっくらと。きつく結びすぎると貧相な印象になる
小さいくぼみをつくる
全体的にピンと前方に張り出すくらいがよい

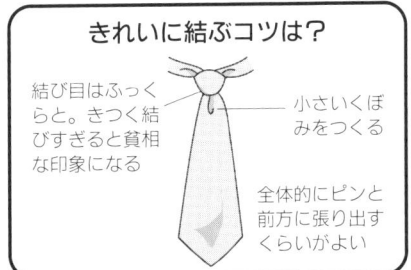

コーディネイトの仕方 3の法則

スーツ、Yシャツ、ネクタイ、靴などを調整し、自分に合ったファッションスタイルにすることは、そんなに難しいものではない。

1 色の持つイメージを覚えたい

※コーディネイトをする上で色の持つイメージを覚えておくと役立つ。

色	イメージ
赤	……情熱的、活動的、あたたかい、派手
オレンジ	……解放的、若々しい、あたたかい
黄	……生き生き、親しみやすい、はつらつ
緑	……新鮮、清潔、爽やか、青春
青	……若々しい、つめたい、さっそう
紺	……理性的、端正、りりしさ、沈静的
白	……純粋、清潔、クール
グレー	……シック、おだやか、控えめ
黒	……強い、安定、重厚、厳粛、荘厳
茶	……落ち着き、堅実、クラシック、豊か
ターコイズ	……清潔、ロマンチック、すがすがしい
アイボリー	……柔らかい、やさしい、やすらぎ
ピンク	……かわいい、柔らかい、あたたかい
ラベンダー	……繊細、落ち着き、雅やか
ベージュ	……ナチュラル、おだやか、やさしい
オリーブ	……渋い、地味、落ち着き、やすらか、クラシック
ワイン	……円熟、味わい深い、あでやか

2 カラーリング（色の組合わせ）を覚えたい

カラーリングはスーツ、Yシャツ、ネクタイ、靴などの組合わせに必ず必要になる。せっかくいいスーツを着てもインナーのYシャツとネクタイのカラーリングが合っていなければ台なしになってしまうので注意したい。カラーリングは決して難しいものではないので覚えておくとよいだろう。

組合わせ例

色の組合わせ	イメージ
ブルー×イエロー	若々しいイメージ
紺×ホワイト	若々しいイメージ
グリーン×オリーブ（淡）	若々しいイメージ
ブルー×ホワイト	すがすがしい、若々しいイメージ
グリーン×ホワイト	すがすがしい、若々しいイメージ
パープル×モスグリーン	洗練されたイメージ
ホワイト×ブラック	モダンなイメージ
グレー×紺（明）	モダンなイメージ
グレー×パープル	モダンなイメージ
茶×ベージュ	ナチュラルなイメージ
ベージュ×オリーブ	ナチュラルなイメージ
ピンク(濃)×ピンク(淡)	甘美なイメージ
グリーン（淡)×ブルー	甘美なイメージ

※上記の組合わせ（カラーリング）は代表的なものなので、参考にしていただきたい。

3 スーツ・Yシャツ・ネクタイのコーディネイト

1の色の持つイメージと2のカラーリング（色の組合わせ）をふまえながら、ここではスーツ、Yシャツ、ネクタイなどのビジネスマンにとって重要なファッションのコーディネイトを紹介する。

あくまでも基本的なものだから、自分流に好感度を意識したコーディネイトすることも大切である。

■オーソドックスなコーディネイト■

紺のスーツ

- Yシャツ…白 or ブルー（淡）
- ネクタイ…イエロー系（薄）or 紺系
- 靴…………ローファー（黒）or プレーントゥシューズ（黒）

グレーのスーツ

- Yシャツ…白 or ピンク（淡）
- ネクタイ…イエロー系（薄）or ワインレッド
- 靴…………ローファー（黒）or プレーントゥシューズ（茶）

※ここで紹介するコーディネイトはあくまで基本的なものである。
※このオーソドックスなコーディネイトは、どのような職業にも合うだろう。

■スマートなコーディネイト■

紺のストライプ（細）のジャケット

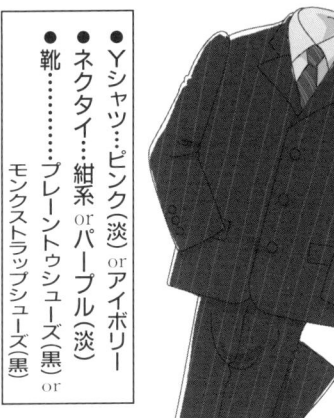

- Yシャツ…ピンク（淡）orアイボリー
- ネクタイ…紺系orパープル（淡）
- 靴……プレーントゥシューズ（黒）or モンクストラップシューズ（黒）

グレーのストライプ（細）のジャケット

- Yシャツ…白orパープル（淡）
- ネクタイ…アイボリー系のネクタイorワインレッド系
- 靴……プレーントゥシューズ（黒）or ローファー（茶）

※ここで紹介するコーディネイトはあくまでも基本的なものである。
※このスマートなコーディネイトは、金融業を除いたどのような職業にも合うだろう。

■トラディショナルなコーディネイト■

紺のブレザー（シングル）

- Yシャツ…白orアイボリー
- ネクタイ…ワインレッド系のネクタイor紺系
- 靴……ローファー（黒）or ローファー（茶）

グレーのジャケット（シングル）

- Yシャツ…ブルー（淡）地にストライプor白
- ネクタイ…黄色（淡）系のネクタイorアイボリー系
- 靴……スウェードローファー（茶）or ローファー（黒）

※ここで紹介するコーディネイトはあくまで基本的なものである。
※サービス、アパレル、流通、マスコミ、広告代理業、メーカーなどの職業に合うだろう。

身につける小物・エチケットアイテム7の法則

小物・エチケットアイテムも、社会人としての意識が問われるので十分注意したい。

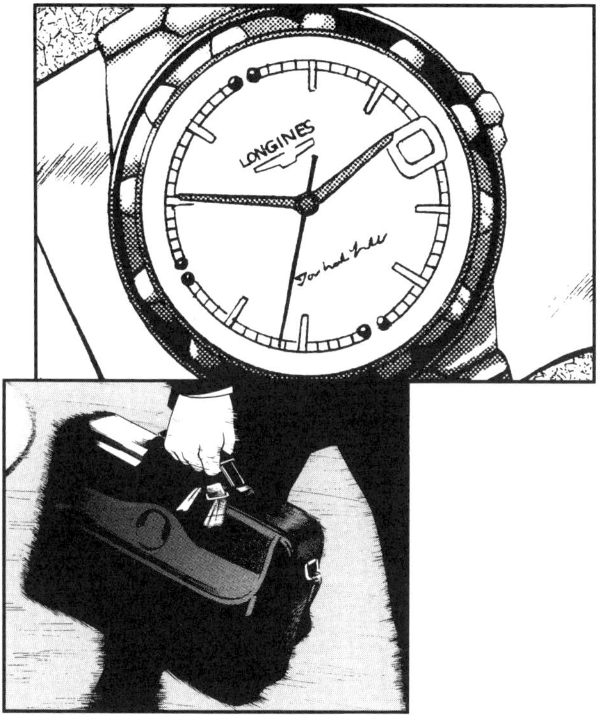

1 ビジネスのエチケットアイテム

学生時代はついつい忘れがちだったハンカチやティッシュだが、社会人になるとそれらもエチケットアイテムとして大切なものだ。洗った手をまさかズボンやスカートで拭《ふ》くわけにはいかないし、その場を上司に見られたらだらしのない奴だなと思われたり、女性社員には不潔な人と思われてもしょうがないだろう。だから**朝の出勤前には必ずチェックしたい**ものだ。

他には爪切り、歯磨きセット、整髪セット、シェーバーなどをデスクの引き出しに入れておけばいざというときに役立つに違いない。また、口臭の気になる人はマウスウォッシュも置いておきたい。

女性は手鏡はもちろんのこと、ソーイングセットも大切なアイテムだ。男性社員のYシャツやブレザーのボタンが取れたときにキミがそれをつけてあげれば、気の利く人と人気はうなぎ登り間違いなしだ。

2 ビジネスシーンでの鞄

鞄は大切な書類や資料（商品パンフレットなど）を入れて運ぶのに絶対必要なアイテムだ。

あなたが持ち運ぶ書類や資料の大きさ、量によって鞄の大きさや幅を決めればよいだろう。素材は好みでよいだろうが、何年も使用するものだから丈夫なものを選びたい。秘密書類や資料を持ち運ぶことの多い金融マンや商社マンは、カギつきのアタッシュケースが最適。

マスコミ、広告代理業、サービス、流通、アパレル業界、メーカーはさほど決まりごとはないが着ているものとのTPOも大切。機能性が高く、使い勝手のよいものを選びたい。

3 名刺入れ

ビジネスシーンにとって大切な名刺を入れるのだから、使い勝手のよいものがよい。世界をまたにかけて仕事をする商社マンやさまざまな企業の重役と会わなければならない金融マンは、本皮のよいものを選びたい。特に営業職の人たちは、よく使用するので長持ちする丈夫なものを選んだ方がよい。

名刺は名刺入れだけではなく、**鞄の中、電話帳、システム手帳などにも入れておくと名刺入れを忘れたというときに助かるぞ！**　これもビジネスマンの大切な知恵だ。

4 システム手帳

スケジュール表、住所覧などが一緒になっているシステム手帳はビジネスマンにとってとても重要。自分のスケジュール管理はもちろんのこと、お客様との打ち合わせの内容もこれに記入できる。

ビジネスマンにとってとても大切なものなので、使いやすくて丈夫なものを選択したい。

5 PDA（携帯情報端末）

さまざま情報を入手できたり、入力できるPDA（携帯情報端末）はスケジュール管理はもちろんのこと住所、電話などもデータ入力できるので便利だが、お客様の前では使用してはダメ。

まだあなたのことを知らないお客様は生意気な奴と思うかもしれない。

6 筆記用具

黒ボールペン、赤ボールペン、鉛筆、消しゴム、マーカーなどが鞄に入っているといざというときに重宝する。

最低でもスーツの胸の裏ポケットに、黒ボールペンを１本入れておきたい。このボールペンはあまり安いものだと恥ずかしいので、そこそこよいものを選びたい。

7 時計・アクセサリー

時計は時間厳守の営業職にとってはまさに命ともいえる。キミのこれからの長いビジネスシーンを応援してくれるものだからこそ、そこそこよいものを選択したい。

ただし、あまりにも高級すぎるのも若いうちは似つかわしくないので注意したい。

金ピカのブレスレットを20代のあなたがつけていたらどうだろう……。上司もお客様も生意気な奴と思うだろうし、そんな人物は営業に連れて歩きたくないと思うだろう。

営業職（男性）でピアスをしている奴なんか、出入り禁止になっても仕方がないぞ。仕事に影響するようなものは止めるべし。

髪型・化粧7の法則

ファッションに合った髪型・化粧を心がけたい。
特にいきすぎた化粧は気をつけよう。

見ためも、もちろん大切だけれど化粧はほどほどに……

1 男性の髪型はすっきりが基本

比較的大きな会社であれば職務規定があり、その中に好ましい髪型が記載されているはずなのでそれに準ずればよいだろう。特に金融関係やメーカー、サービス業、デパートなどはきっちり決められている。比較的、出版業やアパレルなどはあまりうるさくない。

もしあなたが営業職であれば、お客様と会う機会が多くなるのだから**相手に不愉快なイメージを与えない清潔感が大切**である。よく電車やエレベーターの中ですごく臭いポマードをつけている中高年がいるが、あなたは大丈夫か……。匂いの強い整髪料は嫌われるぞ。

また、よく洗髪してフケにも十分注意したい。どうしてもスーツは紺系やグレー系が多くなるので白いフケは目立ち、不潔な奴というレッテルを貼られてしまうことになりかねない。よくよく注意すべし。

2 女性の髪型は清潔さが一番

女性にとって髪は命の次に大切なものといわれたのは昔のことだろうか……。男性同様、大きな会社では職務規定があるのでそれに準ずればよいだろうし、もしわからないことがあったら先輩（女性）に聞くのもよいだろう。

あまりにも長い髪は束ねた方が見た目もよく、清潔に見える。また、派手な色に髪の毛を染めるのもどうかと思う。たしかに個人の自由というものはあるが、それでも**相手に不愉快な思いをさせるような髪型はやめた方がよい**だろう。

職場の人数が多ければ多いほどあなたを見ている人は多い。異性しかり同性だってそうだ。特にお局様《つぼねさま》（会社に長年いる女性）に目をつけられると大変なことになる。常に清潔な髪型を心がけよう。

3 化粧はシンプルイズベスト

今や男性も化粧をする時代だが、ここでは女性新入社員のために忠告しておこう。若い社員の化粧はシンプル（ナチュラル）がベストだろう。

あまり派手な化粧をすると同性に嫌われる可能性大である。いらぬ噂を流されたり、覚えのないイジメにあったりと大変なことになるので、特に新人の1年間は化粧も控えめにしているのが賢《かしこ》いやり方だ。ただ、まったく化粧をしないというのもだらしない印象を与えてしまうのでまゆげの手入れや口紅くらいはしたい。

4 化粧は自宅でせよ

近年、電車内やホームで化粧をしている若い女性をよく見かけるが、これは私は寝坊して化粧ができませんといっているようなもの……。本人はあっけらかんと化粧をしているが他人には〝だらしのない女〟としか見られないし、パウダーが飛び散るので周りにも迷惑をかけている。電車内で上司やお客様に見られていたらマイナスイメージ100%だ！

もし、寝坊して化粧する時間がなければ、会社に到着してから化粧室（トイレ）やロッカールームで手早く済ませればよい。

5 化粧はチェックせよ

夏の蒸し暑い日はどうしても化粧崩れが激しくなってしまう。キミが頑張り屋さんで仕事をバリバリこなす人であればなおさらのことだ。

トイレに行ったときには必ず化粧はチェックするべきだし、営業職であればお客様の会社に入る前や会う前に手鏡で必ずチェックして化粧直しをしよう。

6 香水のつけすぎに注意

香水の好きな女性は多いが、あまりにも匂いが強い香水はまさに公害である。水商売ではないのだから、フローラルタイプ（ソフトな花の香り）やシトラスコロンタイプ（清涼感のある柑橘系の香り）がおすすめだ。

特に上司との食事や接待のときは香水をつけては絶対にダメ。**刺し身や寿司を出す店では特にタブー**とされる。なぜなら香水の香りの素は鼻に付着すると、何を食べてもその香水の匂いしかしなくなるからだ。せっかくの食事も香水のせいで台なしだ。

香水のつけ方のコツ

ウエストより下に数カ所にわけてつけるとよい。一カ所にまとめてつけると強烈に香り立ってしまう

7 派手なマニキュアは避けたい

若い人があまり派手なマニキュアをしていたら相手はビックリ。えっ、この人、学生時代水商売していたの……なんて思われても仕方がない。派手なマニキュアは相手に不快感を与える可能性大だし、お局様のかっこうの餌食《えじき》になるぞ。

女性にとってマニキュアもオシャレのひとつだから理解できないことはないが、職場では色の淡いものなどのあまり目立たないものにし、ここはひとつ我慢して、派手なものはアフターファイブや休日だけにしておきたい。

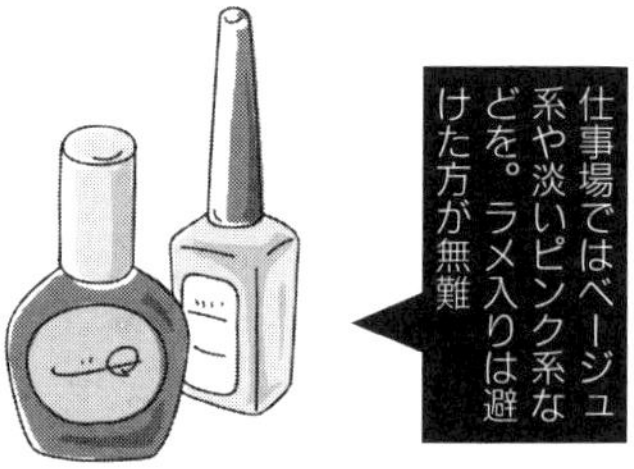
仕事場ではベージュ系や淡いピンク系などを。ラメ入りは避けた方が無難

Business Manner Chapter 2

ビジネス基礎知識編

好感をもたれるお客様の対応手順
名前を覚えてもらえる自己紹介
誰にどんな敬語を使うか
スムーズな電話の取り方、つなぎ方
訪問は、約束の10分前に到着しておく
名刺交換の順序とタイミング

あいさつ12の法則

人間関係を円滑にするための基礎の基礎があいさつだ。人間関係、ひいてはビジネスの成否はあいさつにあると言っても過言ではない。同じひと言のあいさつでも、場面や相手に応じてニュアンスや表情を適切に変えることができれば一人前だ。

1 あいさつの基本

朝出社したら**「おはようございます」**。先輩や上司が会社から出かけるときは**「いってらっしゃい」**、帰社したら**「おかえりなさい」「お疲れさまでした」**。自分が出かけるときは**「いってきます」**、帰社したら**「ただ今戻りました」**。帰宅する場合は**「お先に失礼します」**。

使う場面が非常に多いのは、**「よろしくお願いします」「ありがとうございます」**。これらは先輩や上司、あるいは取引先や顧客など社内外を問わずよく使うので覚えておこう。

2 朝のあいさつは大切だ

気持ちよく仕事を始めるには出勤してきた際の**「おはようございます」**という朝のあいさつが大切。

今日も一日よろしくお願いしますの気持ちを込めて、はっきりした元気な声で自分からあいさつしよう。

朝のあいさつは、自分が出社してきたことを組織のメンバーに報告する意味もある。

3 先輩や上司が出かけるときは

先輩や上司が社外へ出かける場合、先輩や上司は「じゃあ○○社にいってきます」と声をかけてから出かけるはず。

社内に残る側は、それに対して**「いってらっしゃい」**のひと言を。デスクワークなどの途中でも手を止め、出かける相手の顔を見て大きな声で言おう。

4 先輩や上司が帰社してきたら

外に出ていた先輩や上司が帰社してきたら、**「おかえりなさい」「お疲れさまでした」**と、やはり相手の目を見て声をかけよう。

留守中に先輩や上司宛《あ》ての電話やＦＡＸなどがあれば、報告を早めにすること。

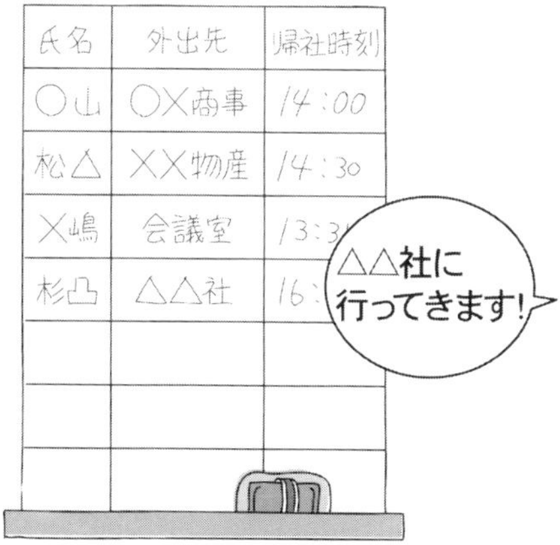

5 自分が社外に出かけるときは

自分が仕事で外出する場合は、**「いってきます」**のひと言とともに、行き先や帰社予定時刻も誰かに伝えておく。

予定を書き入れるホワイトボードなどがある場合は、それに必ず記入し、上司や先輩に口頭でも伝えること。

留守中にあなた宛ての電話が入る予定があれば、それも周囲に伝えておくときちんと対応してもらえるだろう。

6 自分が帰社したら

帰社したときは、まず**「ただいま戻りました」**と戻ったことを皆に報告しよう。それから出先での仕事の報告を先輩や上司に早めに行なう。

留守中に自分宛ての伝言メモなどがあれば、メモしてくれた人にひと言お礼を言ってから、伝言された仕事に早めに取りかかろう。

7 先輩や上司より早く帰宅するときは

目上の人が残業をしているのに、自分だけ帰宅するのは心苦しいもの。だからといって黙って帰るのは絶対ＮＧだ。

一応**「何かお手伝いしましょうか」**と声をかけてみよう。特にないから帰って構わないと言われれば、「それではお先に失礼させていただきます」とあいさつして退社させてもらおう。

8 取引先の受付でのあいさつは？

取引先を訪問したらまず受付へ。**「おはようございます」「お世話になっております」**などひと言あいさつをしてから、**自分の会社名と名前を名乗り、訪問相手の部署と名前を告げよう。**

アポイントがあるかどうか、ある場合は何時の約束かも告げること。「おはようございます。○○社の××と申しますが、●●部の▲▲様に■時のお約束をいただいているのですが」という感じだ。

相手が受付まで来る場合もあるし、自分が直接その部署まで行く場合もあるだろうが、受付を離れる際には「どうもありがとうございました」と会釈《えしゃく》しながらお礼を言うと、好印象だ！

9 エレベーターホールやエレベーター内でのあいさつは？

エレベーターが来るのをぼんやり待っているとき、あるいはエレベーターに乗っていたとき、上司が役員と一緒にやって来た！　こんな場合はとりあえず姿勢を正して、朝なら**「おはようございます」**とあいさつしよう。それ以外の時間な

ら**「お疲れさまです」**ときちんとしたお辞儀をしながらあいさつすべし。

目下のあなたが「何階ですか」と尋ねて、階数ボタンや扉の開閉ボタンを操作しよう。

10 社内の廊下で役員やお客様とすれ違うときは？

役員やお客様が歩いてきた場合は、**すれ違う少し手前で廊下の端に寄ってあいさつをしよう。**

朝なら「おはようございます」、それ以外の時間なら役員には「お疲れさまです」、お客様には「いらっしゃいませ」とあいさつをする。

11 お客様の出迎え

- ■直ちに出迎えに行き、応対せよ
- ■名前と会社名の確認
- ■ていねいに応対せよ

受付から連絡があれば直ちに出迎えに行くべきだし、直接部屋に見えたら仕事を中断してすぐに応対する。

正面を向いて「いらっしゃいませ」と深くお辞儀をし、お客様の名前と会社名をさりげなく確認しながら、訪問の相手に**「●●社の▲▲様がお見えです」**と取次ぎをする。もし不在の場合でも**「申し訳ありません。××はただいま外出しておりますが、■時には帰社いたします。ご用件を伝えておきましょうか」**など、ていねいに応対しよう。

応接室などで待っていただく場合は、**「応接室までご案内します」**とお客様の斜め前を歩きながら部屋まで案内する。

応接室に着いたら**「××はまもなく参りますので、おかけになって少々お待ちください」**と説明し、待ってもらい訪問相手が帰ってきたらすぐに連絡すること。

お客様の応対手順

お客様が受付に到着し、受付から呼び出されたら、すみやかに受付に行きお客様を迎える。どんなに忙しくても、仕事をやめかけつけよう。元気に〝いらっしゃいませ〟とお辞儀をしながらあいさつをし、応接室にご案内し、見送りもていねいに対応しよう。

受付から連絡を受けたら直ちに出迎えに行く

応接室まで案内しながら移動

応接室にお通しする

応接室から出て、エレベーターや玄関まで送る

ていねいにお見送り

12 お客様にお茶を出すときの基本

a 先輩や上司にお客様が訪ねて来て、応接室に入ったらすぐにお茶の準備をする。

　使用する湯のみが欠けていたり、汚れていたりしていないかをよく確認してからお茶を淹れよう。

b 人数分のお茶が入ったら、湯のみを茶托にのせ、お盆にのせてお盆を両手で胸の高さの位置に持ち応接室まで運ぶ。

　お盆にふきんをのせておくと、いざというときに便利だ。

c 応接室の前に着いたら、ドアをノックしてから開け、かるくお辞儀をし、お客様に〝いらっしゃいませ〟と言って部屋に入る。お茶はどんな時でもお客様に最初に出すこと。お客様が複数の場合は必ず上座から順に出すのが基本。

　お茶はお客様の左側から出すのが原則だが、これはケースバイケースでよいだろう。

d お茶はこぼれないよう、静かに出そう。

　テーブルの上が書類でいっぱいの場合は上司に〝どちらに置けばよいでしょう〟と聞いて指示を受けるとよいだろう。

e お茶を出し終わったらお盆の表を外側にしてこわきにかかえ〝失礼いたします〟と言いながらお辞儀をして退室する。

f 打ち合わせが長びいている場合は、応接室のドアをノックして、〝失礼します〟とひとこと言ってから上司に〝お茶のお代わりいかがでしょう〟と聞いてみたい。お茶を替えるときは茶托ごと下げ、お盆にのせて退室し、新しいお茶を入れたら最初からの行動をすればよい。

g お客様が帰ったのを確認したら、すみやかに応接室の湯のみを下げ、テーブルを拭いておこう。

　また、湯のみも次の人のためにきっちりと洗っておきたい。

注意したいポイント

- 左手でお盆を持ち、右手でお茶を出すが、数が多い場合は、お盆をテーブルに置いてから１人ずつお出ししてもよいだろう。
- 模様入りの湯のみや茶托は模様をお客様の方に向けて出す。
- コーヒーや紅茶をお出しする場合は、スプーンがお客様の方にくるようにカップを置く。カップの取っ手の方向はあまり気にしなくてよい。
- ２回以上は最初と違う飲み物をお出ししたい。そのときはお客様にお聞きしても失礼にあたらない。

ボクの失敗談

取引先の受付嬢には要注意!?

壁に耳あり
障子に目あり
軽率な行動が
思わぬ結果を…

ある取引先の受付嬢は、いつもにこやかでてきぱきしておりすてきな女性。何度か訪問するうちに親しみが湧いて、つい必要以上におしゃべりをしてしまった。ところが数日後その取引先を訪問したら、担当者が何となくよそよそしい。事情に詳しい先輩に聞いてみると、例の受付嬢はその会社のマドンナ的存在なのだとか。"よそ者"のボクがなれなれしく長話していたのが、どうやら男性陣の反感をかったようだ。女性とはいえ取引先の一員。自重しなくてはいけないと反省したよ。

COLUMN

美味しい日本茶の淹れ方

会社でよく使用される煎茶《せんちゃ》の場合は事前に急須、湯のみを温めておくとよい。逆に冬は水を入れて冷やしておくと煎茶の味が引き立つ。玉露《ぎょくろ》（高級茶）は高温では香りが立たないので、必ず50〜60度まで冷ましたお湯を用いたい。ちなみに煎茶は70〜80度、番茶は90度以上が目安になる。煎茶、玉露などどんな日本茶でも、湯のみに何回かに分けて均等に注いでいくこと。この技法によってお茶の味、色も均等に注ぐことができ、美味しい日本茶が淹れられる。

お茶は少しずつ回し入れると
味も量も均等になる

美味しいお茶の適温

玉　露	50〜60℃
番　茶	70〜80℃
煎　茶	90℃以上

自己紹介4の法則

だらだらと長話をせず、ポイントをしぼった簡潔な話し方で、自分を印象づけよう。

初めまして島耕作です入社以来18年間ずっと本社の販売助成部で宣伝の仕事に携わってきました
事業部に出るのは初めての経験で何分不慣れなところもありましょうがどうかよろしくお願い致します

1 名前を覚えてもらおう

大きな声で名前を言おう。読みにくい漢字や、幾通りもある漢字の場合は、どんな漢字を使うのかもきちんと説明すること。

例えば「本日付けで○○課に配属されたモトムラノリオです。モトムラのモトは『基本』の『基』という字です。ノリオは『法則』の『則』にオトコと書きます」というように説明すると、聞いてもわかりやすい。

2 出身地・趣味など

名前のあとは、**出身地や趣味などを手短に言おう。**「出身は××県です。趣味は○○です」程度で十分だ。

趣味については、ギャンブルやあまりにマニアックなものはとりあえず言わない方が無難だろう。

3 今の気持ち・やる気を簡潔に

くどくど熱っぽく語るのは嫌われるだけ。

今の気持ちや抱負を簡潔に述べよう。**「できるだけ早く仕事を覚えるようがんばります」**といった程度の儀礼的な言葉でよい。

4 締めの言葉

最後は相手に頭を下げながら**「よろしくお願いします」、「何卒ご指導ください」**と言うのが適切だ。

×よくない自己紹介の例×

とにかく簡潔を心がけるのが自己紹介の鉄則。ゆえに「生まれたのは○○県なんですが、3歳のとき××県に引っ越しまして、そのあと小学生のときに父の仕事の都合で△△県に行きました。このときは妹が……（以下略）」など、どうでもいいことを長々しゃべるのはNG。あるいは、小さな声でぼそぼそと言葉少なに「○○×男です……（以下沈黙）」というタイプもよろしくない。社会人なのだから、照れくさくても人前が苦手でも、大きな声ではきはきとしゃべるのが大前提だ。逆に「○○×男といいまーす。合コン大好き人間ですっ、人数足りないときはぜひ声かけてください！」など、社会人とも思えない軽薄な自己紹介も当然ながらNG。自己紹介を無難にこなしたいなら、簡潔に型どおりスピーチするのに越したことはない。

敬語と会話の仕方6の法則

社会人の会話で、必要となるのが敬語である。ややこしいし照れくさいのはわかるが、敬語をきちんと使いこなせなければ社会人として失格だ。

あの 所長さん いらっしゃいますか

いません

何て奴等だ…… 普通 いないならいないで 〝いつごろ帰ってくる〟とか 〝どちら様ですか〟とか 言葉をつぐべきだろう

1 敬語を覚えよう

敬語には一般的な敬意を表わす「ていねい語」、相手や相手の行動に尊敬を表わす「尊敬語《そんけいご》」、自分がへりくだることで相手を高める「謙譲語《けんじょうご》」がある。

例えば「する」という動詞の、ていねい語は「します」、尊敬語は「なさる」、謙譲語は「いたす（いたします)」。

「言う」なら、ていねい語は「言います」、尊敬語は「おっしゃる」、謙譲語は「申す（申します)」となる。

混同しやすい表現を別表（P.36）にしたので参考にしてほしい。

普通の表現	尊敬語	謙譲語
する	なさる	いたす
行く・来る	いらっしゃる おいでになる	まいる うかがう
いる	いらっしゃる おいでになる	おる
見る	ご覧になる	拝見する
聞く	お聞きになる	うかがう・承る 拝聴する
言う	おっしゃる	申す
会う	お会いになる	お会いする お目にかかる
思う	お思いになる 思し召す	存ずる
考える	お考えになる	存ずる
食べる	召し上がる	いただく
与える	賜る・くださる	差し上げる
訪問する	いらっしゃる	お邪魔する
死ぬ	お亡くなりになる	亡くなる

2 自分や相手の呼び方を覚えよう

自分を指す場合、目上の相手に対しては「私」、自分の会社は「私ども」とへりくだって表現する。「私たち」とは言わないよう注意しよう。

相手を指す場合、相手が取引先や顧客など社外の目上の人ならば、名前がわかれば「○○（苗字）様」。わからない場合は「お宅様」「そちら様」「お客様」。**「あなた」は決して使ってはならない。**

同じ会社の人間が相手の場合は、同輩や役職のない先輩なら「○○さん」、上司は「○○課長」「○○部長」という具合に必ず役職名をつけること。役職名のみでも可。

相手の勤務先、住所の場合は「お勤め先」「おところ」「お住まい」が適切。

離れた位置にいる目上の人は、「あちらの方」「あの方」と表現する。自社以外の企業名は会話では「○○工業さん」など「さん」付けすることも一般的だ。

取引先や顧客など社外の人を指す

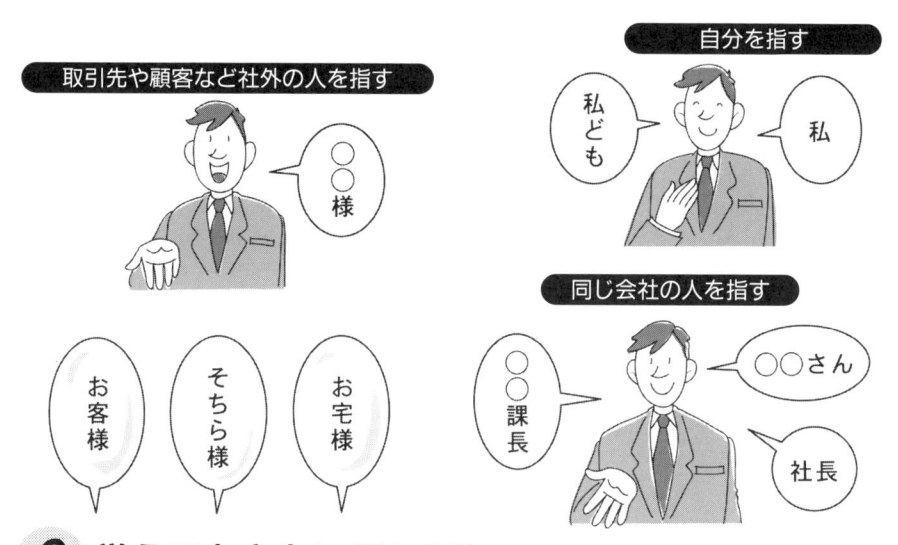

○○様
お客様
そちら様
お宅様

自分を指す

私ども
私

同じ会社の人を指す

○○課長
○○さん
社長

3 覚えておきたい言い回し

相手の会社を指す場合は尊敬語の「御社《おんしゃ》」「貴社」、自分の会社はへりくだって「小社」「弊社《へいしゃ》」「私ども」「手前ども」と表現する。

相手の名前を知りたければ「誰」ではなく「どなたさま」、自分にはできないことを取引先などに伝えるには「いたしかねます」など。

ていねい語としては、「ありません」は「ございません」、「そうです」は「さようでございます」、「どうですか」は「いかがでございましょうか」などがある。

相手の会社をを指す

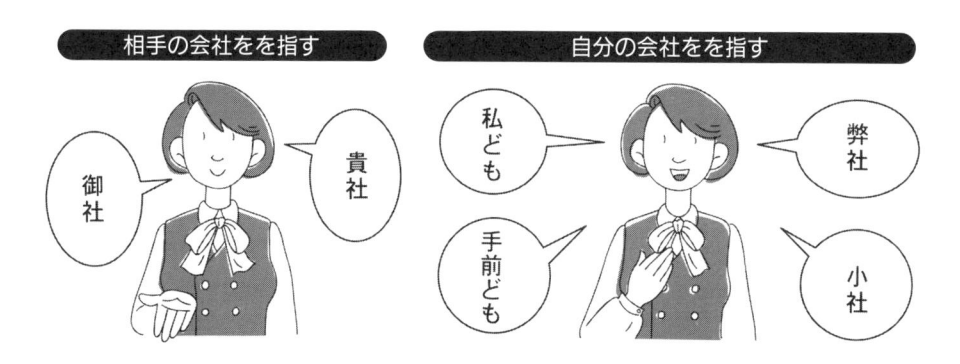

御社
貴社

自分の会社をを指す

私ども
弊社
手前ども
小社

4 上司や社長の名を呼び捨てにする？

外部（他社や顧客など）に対しては、**自社の人間を呼び捨てにするのが礼儀。**

これは自社の人間を身内とみなしてへりくだるからで、社長の苗字が岡村だとすると、電話や受付、接客時においては「手前どもの岡村が」と表現するのが適切だ。

5 誰にどんな言葉を使ったらよいの？

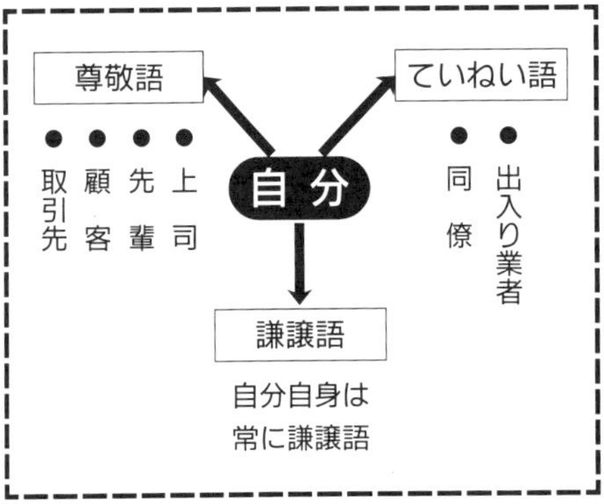
尊敬語
ていねい語
自分
上司
先輩
顧客
取引先
出入り業者
同僚
謙譲語
自分自身は
常に謙譲語

顧客や取引先に対しては最大限の敬意を込めて「尊敬語」、上司や先輩にも「尊敬語」、出入り業者や同僚には「ていねい語」が適切だ。

自分自身に関しては、へりくだる姿勢の「謙譲語」が基本。

「1．敬語を覚えよう」別表（P.36）を参照してほしい。

6 上司の子供にもていねい語を使うべき？

「お父さんいますか？」「父をお願いします」など上司の子供から電話が会社にかかってきたような場合、変にへりくだる必要はないが、子供だからとおろそかにしてはならない。

気をつけたいのは相手は上司の身内なので、尊敬語を使い「○○部長は外出していらっしゃいます。お電話があったことはお伝えしておきますが、折り返しそちらにお電話するようお伝えしておきましょうか」と、きちんと**ていねい語で応対しよう。**

電話応対4の法則

オフィスにはさまざまな人から電話がかかってくる。電話を率先して取るのは若手社員の役目、慣れないうちは緊張するだろうが、経験を重ねるうちに誰でも慣れ、上達していくはず。

電話は顔が見えない分、ちょっとした言葉が相手に強い印象を与える。キミの応対ひとつで、会社の評価が左右される場合だってあるのだ。

1 新社会人は進んで電話を取れ

電話のベルが鳴ったら、忙しい先輩や上司の代わりに**積極的に受話器を取ろう。**

取ったら、照れくさくても社会人らしい決まり文句をきちんと言うこと。何度も電話を取るうちに、だんだんコツがわかってくるはずだ。

2 かかってきた電話を受けるとき

かかってきた**電話は利き手の逆で取る**（利き手でメモを書くため）。次に「はい、○○社でございます」と**社名をはっきり言う。**「もしもし」は不要。

電話は呼び出し音が鳴ったら**3回以内に取る**のがマナーだ。それ以上になってしまったら、まず「お待たせいたしました」のひと言を。

相手が名前を名乗り、社外の人であることがわかったら、知らない相手でもとにかく「いつもお世話になっております」と必ず言おう。

相手の話に「はい」「ええ」とていねいな相槌《あいづち》を打ちながら、内容を的確にメモする。そのためにデスクの上にはメモ用紙とペンは必須。

相手の声が小さかったり聞きづらかったりする場合は、わかったふりなどせず、「失礼ですが、お電話が少々遠いようなのですが」と言い直しをお願いしよう。聞き取れたかどうか自信がなければ、「○○社の××様でございますね」と**社名と名前を復唱しよう**。こうすればもし間違っていても相手が指摘してくれるし、上司や先輩にも誰からの電話なのかわかるはずだ。

内容についても「××○○ということでございますね」と確認する。わからないのにわかったふりをするのは一番いけないことだ。

電話を他の人に取り次ぐ場合や、少し待ってもらいたいときなどは、短時間であっても電話を「保留」にしよう。周囲のどんな言葉が聞こえてしまうかわからないからだ。このときやりがちなのが、保留にしたつもりで電話を切ってしまうこと。相手の電話番号がわかるならこちらからかけ直し、丁重《ていちょう》に謝ってから電話を続ける。相手の番号を知らない場合など、相手から再度かかってきたら「申し訳ございません、私のミスで電話が切れてしまいました。たいへん失礼いたしました」と丁重に謝ってから、電話を続ける。

かかってきた電話を受けるとき

a「はい、○○社□□課でございます」

b「いつもお世話になっております」

c「はい」「いいえ」など相槌は
ていねいに

d「失礼いたします」

かかってくる電話のなかには、自分の名前や社名を名乗らずに、「部長さんいらっしゃいますか」などと役職名だけで取り次ぎを頼む電話がある。

どんな電話に対しても
ていねいに対応しよう

このような電話はセールス電話である場合が非常に多い。しかし本当に上司と親しい人の場合もあるので、あくまでもていねいな言葉遣いで、相手の会社名と用件をお聞きする。もしセールスであれば「ここは仕事場ですのでご遠慮ください」ときちんと断ろう。自分だけでは判断がつかない場合は、上司にメモを渡して指示を仰ごう。

英語の電話がかかってきたら、英語に自信がない場合「Just a moment, please.（少々お待ちください）」と言って、保留にしてから英語を話せる人に代わってもらおう。

とっさに英語が出てこなければ仕方ない、「どちらさまですか」と日本語で聞いてみよう。相手もビジネスマンなのだから、「○○サンヲ、オネガイシマス」程度の日本語はしゃべってくれるかも。

3 電話を取り次ぐ場合

相手が「○○さんをお願いします」と取り次ぎを求めたら、**「○○でございますね」ともう一度確認してから、**電話を保留にし、本人に「○○さん、××社の△△さんから□番にお電話です」と取り次ごう。

この時点で相手が名前を名乗っていなければ、「失礼ですが、どちらさまでいらっしゃいますか」と**相手の名前を確認してから取り次ぐ。**

本人が電話中などで、すぐには取り次げない場合は、用件のメモを示して指示を仰ぐ。本人が社内にいるのだが席にいないときは「申し訳ございません、あいにく席をはずしておりまして」、外出中の場合は「申し訳ございません、ただいま出かけておりますが」と、不在であることをまず伝える。

そのあとで「戻り次第こちらから電話をするよう申し伝えましょうか」と申し出てみる。すると相手は「戻り次第電話をほしい」、「再度自分が電話をする」、「伝言をしてほしい」など希望してくるはずだから、それに沿った対応をすればよい。何かあったときのために絶対に**相手の電話番号は必ず聞いておくこと。**

また、電話があったことと内容を本人に伝える必要があるので、**メモをきっちりとる必要がある。**

本人が不在の場合の電話の取り次ぎ方

a 相手の社名と名前を確認する

b 「申し訳ございません、あいにく外出して（席をはずして）おります。戻り次第こちらから電話をするよう申し伝えましょうか？」

c 以下のことを確認する
- 戻り次第電話がほしい
- 再度自分（相手）から電話をする
- 伝言をしてほしい

d メモをとって、本人のデスクの上に置く

メモは、宛名、電話をかけてきた人の社名、部署、名前、かかってきた時間、用件、相手の電話番号、電話を受けた人間（つまりキミ）の名前などを簡潔に書く。箇条書きにするとわかりやすい。

メモを本人のデスクに置くだけでなく、本人が帰社したら電話があったことを口頭でも伝えておくと間違いないだろう。

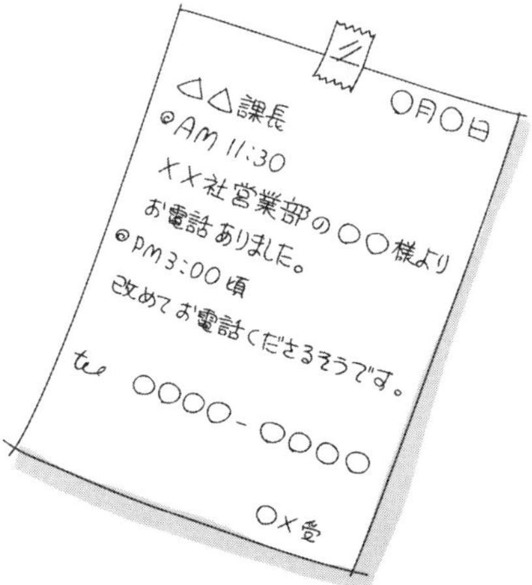
△△課長
○月○日
@AM 11:30
××社営業部の○○様より
お電話ありました。
@PM3:00頃
改めてお電話くださるそうです。
tel ○○○○-○○○○
○×受

4 電話をかけるとき

自分から電話をかける際は、かける前に用件をメモしておこう。そのメモと必要な資料などを手元に置いておくと安心だ。

先方が電話に出たら、**聞かれる前に自分の社名と部署、名前をはっきり名乗る。**名乗る際に「お世話になっております」「おはようございます」などひと言添えるとよい。それから話したい相手の部署と名前を告げ、取り次いでもらう。

相手が電話に出たら「○○の件でご相談があるのですが」とか「○○の件でお電話したのですが」と大まかな用件を告げ、「今お時間は大丈夫でしょうか」と相手の都合を確認してから本題に入るべし。

相手が不在の場合は自分の社名と名前をあらためて言ってから、「では、折り返しお電話をお願いします」「午後にでもあらためてこちらからかけ直します」「お手数ですが伝言をお願いできますでしょうか」など、どうするかを伝えよう。

念のため、**電話の応対をしてくれた人の名前を「失礼ですが」と聞いておくと安心だ。**

電話を切るときは「それではよろしくお願いいたします。失礼いたします」とあいさつしてから、ゆっくり受話器を置こう。

目上の人が切ったのを確認してから、受話器を置くのがエチケットである。

電話をかけた相手が不在だった場合

a あらためて自分の社名と名前を言う

b どうするか伝える

- 「折り返しお電話をお願いします」
- 「○時頃あらためてこちらからかけ直します」
- 「お手数ですが、伝言をお願いします」

c 「それではよろしくお願いいたします。失礼いたします」

ボクの失敗談

名乗らない電話の主は、長年のお得意様だった！

「あ、もしもし、○○さんをお願いします」。慣れた調子で上司に取り次ぎを求める1本の電話。当時新入社員だったボクにとって、その声を聞いたのはそのときが初めて。怪しげなセールスかもしれないと警戒して「失礼ですが、どなたさまでいらっしゃいますか」と極力ていねいに尋ねたところ、「何だキミ、ボクを知らないの。いいから○○さんに代わってよ」。戸惑っていると、隣の席の先輩がボクから受話器を取って応対してくれた。「失礼しました、まだ新入社員なものですから」などと先輩が平謝りに謝っている。聞けば、電話の主はこの部署なら知らない人はいない何十年来のお得意様。新入社員だから知らなくても仕方がないが、とりあえずていねいな対応をしておいてよかった。

訪問6の法則

こちらが他社を訪問するのは、いわば相手の領地に出向くようなもの。「自分はこの場にお邪魔しているんだ」という思いを常に持つこと。
　相手に好印象をもってもらうように一歩下がった、へりくだった姿勢が大切だ。

1 アポイントメントをとろう

訪問する際には、事前に電話などでアポイントメントをとっておくのが最低限のマナー。

アポをとるには**希望日の１週間から10日ほど前に、目的や日時、所要時間、人数、名前**などを伝えて相手の都合を尋ね、了解を得る。

前日に再度確認しておくと安心だ。もし何か変更事項があれば、ただちに相手に連絡をしておくこと。

2 10分前には到着しておく

約束の時間より、少なくとも**10分は早めに到着**しておくのが社会人の常識。早く着きすぎてもその辺でいくらでも暇潰《ひまつぶ》しはできるのだから、余裕をもって出かけよう。

万が一遅刻しそうになったら、約束の時間になる前に訪問先に電話で連絡を入れ謝罪するとともに、何時何分くらいに到着できそうかも伝えておこう。そのためにも、相手先の電話番号は常にわかるようにしておこう。

到着したら、何はともあれ平謝りに謝る。言い訳などはしないこと。

3 受付での応対

訪問先に着いたら、まず受付に。自分の社名、名前を名乗ってから、訪問相手の部署、名前、何時にアポイントをもらっているかを伝えよう。

あとは受付の人が相手に連絡をとってくれるはずだ。

P.28の「あいさつの法則」8も参考にしてほしい。

4 応接室へ通されたら

応接室に通されたら、基本的には相手にすすめられた場所に座ればよい。

ただし「ただいま○○（訪問相手）を呼んでまいりますので、少々お待ちください」と言われた場合など、特に席を指定されなければ、とりあえず**いちばん下座に腰掛けて待つのがマナー**。出入り口にもっとも近い席がいちばん下座だ。

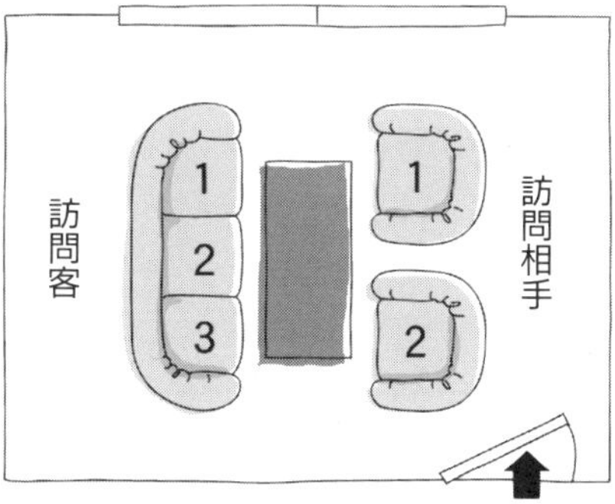

待っている間はうろうろせず、おとなしく座っていること。相手がやって来たら、すぐに立ち上がってあいさつをしよう。そのあと相手は「どうぞこちらのお席に」と上座をすすめてくれたら、その席に移動する。

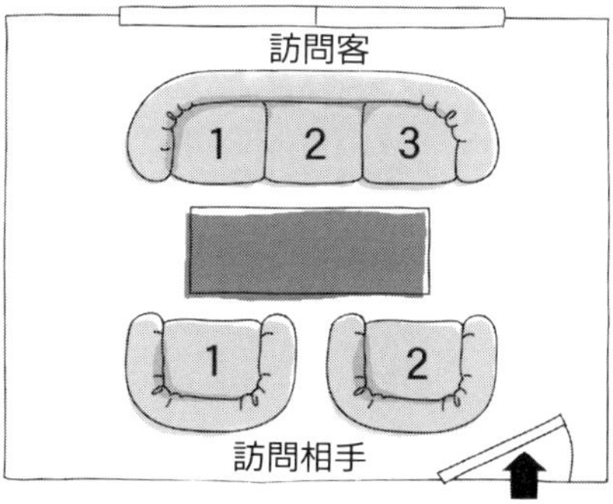

上司や先輩と一緒に訪問した場合は、上司や先輩より下座に着くのが常識。

また、訪問先ではタバコを吸わない、**脚を組まない**のが当然のマナーだ。

5 あいさつ

相手に会ったらまず「本日はお忙しい中お時間をいただきまして、ありがとうございました」と会ってくれたことへのお礼を言おう。

用件が済んだときにも、同様の感謝の言葉をもう一度言おう。相手は忙しいなか貴重な時間をキミのために割《さ》いてくれたのだから。

6 帰るタイミングがわからない

用件が済んだら速やかに辞去するのがマナー。とはいえ用が済んですぐに「それでは」というのは、そっけない。

会ってくれたことへのお礼を言い、「では来週中に資料をお送りしておきます」など今後の予定を伝えてから、立ち上がって「それではおいとまさせていただきます」とあいさつしよう。

深いお辞儀と笑顔を忘れずに。出口に行くまでほかの社員がいたら、軽く会釈しよう。

本日はお忙しいところどうもありがとうございました
ではそろそろおいとまさせていただきます

COLUMN

知っておきたい海外のマナー&ルール・1

日本にいながらにして、さまざまな国の人々と接することができる昨今、本当の国際人とは英語が話せることではなく、世界各国の文化、歴史、生活のマナーとルールを知ることだと思う。ここでは、してはいけない生活のマナーとルールを紹介しているので、外国人との会食や自宅への招待、海外旅行、ビジネスシーンなどに役立ててほしい。

シンガポール

●横断歩道から50メートル以内の所で道路を横断し、有罪になった場合はシンガポール＄50の罰金が科せられるので旅行者は要注意。

●ゴミのポイ捨て、公共の場所でつばを吐いて、有罪とされた人は、初犯者の場合はシンガポール＄1000の罰金が科せられ、再犯者はシンガポール＄2000の罰金のほか、公共の場所の清掃（ゴミのポイ捨て）する労役が命じられる。いつもゴミのポイ捨てやつばをはく人は気をつけないと大変なことになるので注意したい。もちろんタバコの吸いガラも絶対NG。

●シンガポールにはガムの持ち込み禁止。空港でチェックし、持っていた場合は没収。

●公共の場所（駅、レストラン、スーパーマーケット、デパート、バス、タクシー、病院、映画館など）では禁煙になっている。もし吸ったのがばれてしまうと約550シンガポール＄(約4万円）の罰金になる。

韓国

●儒教をおもんじる韓国では、目上の人の前ではタバコを吸ってはいけない。またアルコールも同様だが、3回すすめられたら飲んでもよいが、横を向き、手で口元を隠しながら飲むのが礼儀だ。

●お酒の席で気をつけたいのは、絶対にグラスにつぎ足しをしないこと。全部飲みきってからつぐのがエチケットだ。

●食事をするときは器を持って食べてはいけない。日本では食器を持たないで食べると犬食いと言われ、行儀が悪いと嫌われるが韓国では食器を持って食べることが行儀が悪いとされるので注意したい。

イラン

●女性はスカーフを頭に巻き、体のラインのはっきりしない服装が好ましい。これは観光客でも守りたいルールである。

●イランを始めとするイスラム圏ではアルコールを禁止している国が多い。もし飲酒がみつかってしまうと、飲んだ量にかかわらず80回のムチ打ちの刑になりかねないので気をつけて……。

マレーシア

●マレーシア政府は国民の最大の敵は麻薬と考えている。たとえ外国人であっても麻薬を密売したら死刑になってしまうので、トラブルに巻き込まれないようにしたい。

●左手は不浄の手（お尻をふくため）と言われる。握手や物を受け取るときは右手でしょう。

●もし、イスラム教徒の人を自宅に招いて食事をするときは絶対に豚肉を避けること。

名刺交換10の法則

名刺の交換は自分の名前を相手に知ってもらう絶好のチャンスだ。一見簡単そうに見える名刺交換だが、この名刺交換にもさまざまな法則がある。
ここでは、基本的な名刺の受け渡し、いただいた名刺の処理などを紹介する。

1 名刺交換の鉄則

相手が自分より立場が上（クライアント、依頼者など）であれば、まず相手よりも先に**自分の名刺をお渡しするのが鉄則**。これは相手に対して敬意を表すという意味あいがあり、ボクがサラリーマンのころ、自分の名刺をあとに出したため、なってないと延々説教された同僚がいるほど、中・高年の人はうるさいので注意したい。

立場が逆であれば先に相手の名刺を受け取ってもよいのだが、若手は生意気な奴と思われ、今後の仕事にさしつかえるといけないので、いくら下請けや出入り業者の人でもまずは名刺を先に差し出すのが無難だろう。

2 名刺を差し出しながら会社名と名前を言う

座っている場合は必ず立ち上がりお辞儀をして「○○社の△△部の××と申します」と名乗りながら、名刺を相手向き（相手から名前が正確に読める向き）にして両手で胸の高さに出す。

テーブルなど**障害物越しの名刺交換はマナー違反**になるので注意したい。相手がお客様であれば、必ず先に名刺をいただくのが礼儀。

3 名刺のもらい方

名刺を受けるときは両手を差し出して、右手で相手の名前に指がかからないように気をつけながら受け、「頂戴します」と言いつつ、左手を添えるようにもらう。

名前を差し出すのと受けるのが同時になった場合は、右手で差し出し、左手で相手の名刺を受ける。

右手があいたらすぐに、受けた左手に添えて、**両手でいただくようにする。**

4 相手の名前を確認する

名刺をもらったら、その場で「○○様でいらっしゃいますね」と**相手の名前を確認**したい。

もし、名前が読めない場合は「どのようにお読みしたらよいのでしょうか？」と素直に尋ねてもかまわない。

後で間違える方が失礼になるので注意したい。

5 名刺交換の順序

上司と一緒にお客様の所へ行った場合は、上司と相手との名刺交換が最初になる。

あなたは上司の斜め後方で、手に名刺を持ち待機し、法則１と２を忘れずに、上司が名刺交換が終了したら順に交換していくようにする。

6 最初に誰と交換したらよいか

相手が複数で出てきた場合は、最初に誰と名刺交換をしたらよいか迷ってしまう人も多いだろう。

こんなときは相手をよく観察（あまりジロジロ見ないように注意しながら）し、**ポストの高い人と最初に名刺交換**するのが原則だ。

7 受け取った名刺の置き場は?

話をしている間は、もらった名刺は自分の横の位置に置いておく。

複数の場合は相手の顔と名前を覚えるために順序列に名刺を並べて応対するのもよい方法だ。

また、横書きの名刺はイラストのように置くと幅を取るので、役職の高い人から順に縦(イラスト参照)に置いてもOK。

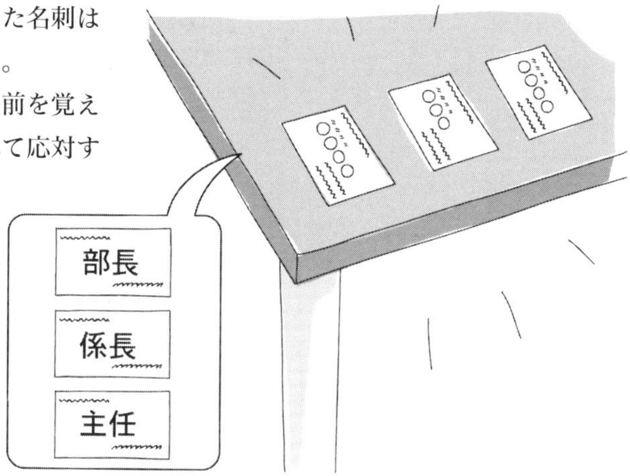

8 名刺を忘れた、さてどうする?

名刺を忘れてしまった、名刺が足りない……。そんなとき、キミならどうする?

そんなときは「誠に申し訳ございません。ただ今名刺を切らせておりまして」と言い、法則1の名刺の交換のように会社名と所属部署、名前を言って名刺を受け取る。

名刺を忘れるのは社会人失格なので、名刺は名刺入れだけではなく、常に手帳や鞄などにも入れておくとよい。

9 名刺をしまうタイミング

商談がそろそろ終了しそうだなと思ったら、テーブルの上に置いていた名刺を、名刺入れにしまう。

名刺が複数ある場合、手間取るので注意しよう。

10 名刺の保管について

もらった名刺は会社に戻ってから、名刺の裏に、会った日時、相手の特徴などを記入してファイリングするとよいだろう。

これから数多くの人と名刺交換するわけだから、相手を忘れないためにも重要だし、ビジネスを推進する上でも重要な情報になるはずだ。

5/10、初訪問
担当課長ー博多出身
ダイエーファン、ゴルフ好き
メガネ着用

ボクの失敗談

名刺を受け取るときは両手が基本

違う名刺を出してしまった！

大事な商談の日、お客様の前で名刺入れからサッと取り出したのは、先刻会った別のクライアントの名刺。出してしまってからでは遅すぎた……。もらった名刺と自分の名刺は区別しておこう。名刺入れは、名刺が2カ所入れられるようになっているものが使いやすい。

自分の名刺を先に渡してしまった！

新人時代にお客様の名刺を先にもらわなければならないのに、自分の名刺を先に渡してしまった。これは後で課長に注意されたなぁ……。余談になるが、今の若者が片手で名刺を受け取るのには感心できないな。やっぱり名刺は両手でもらわないとダメだよ。

Business Manner Chapter 3

仕事の実務編

仕事の進め方は「ほう・れん・そう」が大切

仕事の進行状況をチャートにしよう

社内文章の書き方

社外文書の基本形式と封筒の書き方

メールの内容は６Ｈ２Ｗで簡潔に

アポイントの取り方とプレゼンテーション

接待の際の席次と二次会のセッティング

仕事の進め方6の法則

上司や先輩は、たとえば新入社員が最初から何でもできるなどとはまったく思っていない。だから入社当初に割り振られるのは、新入社員でもできる易《やさ》しい仕事に限られる。

よって、それさえ満足にできないというのでは、評価が相当下がっても文句は言えない。任された仕事は100％きっちりできるようにしよう。

そんな仕事ぶりを上司や先輩が目にすれば、次はワンランク上の仕事へとあなたをステップアップさせるはずだ。

あんたらも
知っとるやろ
この社用カレンダーは
ただのノベルティと
違うんや
いわばハツシバの
顔やで!!

1 仕事の内容を理解しよう

重要な仕事は新人や未経験者になど任せないのが会社の常識。逆に、いきなり責任重大な仕事を新人に任せるような先輩や上司が万一いたら警戒すべし。

さて、仕事を任されたものの、優秀なキミにはもの足りない仕事かもしれない。しかし、任された以上は**完成度100%の働きをしよう**じゃないか。あなたに与えられた仕事は、おそらくもっと大きな仕事の一部を構成しているはずだ。全体のなかでどんな役割なのか、なぜこの仕事が必要なのか。つまらなそうに思える仕事も、そんなふうに意味を考えるとおもしろくなってくる。そしてその意味をきっちり理解して仕事をこなせば、小さな仕事でも非常に完成度の高いものとなる。

仕事の意味を理解できていないと方向を誤ったり抜けがあったりなど、結局は先輩や上司の手をわずらわす二度手間になる可能性が大きい。

2 信用される仕事をしよう

二度手間をかけるようないい加減な仕事ばかりしていると、先輩や上司、ひいてはクライアントからの信用をなくしてしまう。「あいつに任せたらかえって面倒だ」「あいつのミスで取引先を怒らせてしまった」などとなれば、キミには仕事が割り振られなくなる恐れもある。

どんなに小さな仕事でも「あいつに任せれば大丈夫、確実だ」と評価されるような仕事ぶりを常に心がけよう。

3 自ら仕事を申し出よう

先輩や上司から割り振られた仕事をいやいや行なうより自ら申し出た仕事をする方が、いい加減なことはできないし内容的にも興味が湧く。

自分の力をつけるのにも断然役に立つ。

あら 計算ですか？
手伝いましょうか？

4 「ほう・れん・そう」が大切だ

「ほう・れん・そう」とは「ほう」は「報告」、「れん」は「連絡」、「そう」は「相談」。この3つは仕事を進める上で欠かせないものだ。

仕事の経過を先輩や上司にその都度「報告」し、今後の予定や決定事項、変更事項などは社内だけでなくクライアントにもこまめに「連絡」する。また、問題が起きたときや対応に迷ったときは早めに「相談」する。

これらを怠《おこた》ると、最初は些細《ささい》な行き違いだったものがいつの間にか大問題となったり、トラブルが起きても先輩や上司にそっぽを向かれたり、ということになりかねない。

仕事ができる奴ほどこの「ほう・れん・そう」がきっちりできるものなのだ。

- **ほう** 仕事の経過を先輩や上司に「報告」
- **れん** 予定や決定事項をこまめに「連絡」
- **そう** 問題が起こった時や迷った時は「相談」

5 プロ意識を持て

プロ意識とは例えば営業職なら利益を上げる、サービス業なら常にお客様の立場で物事を考えるなどいろいろあるものの、「プロ」として共通に持たねばならない意識がある。

すなわち、**コスト意識**（お金だけでなく時間的な面も含む）**や計画性・目的意識**、そして取引先や一般消費者を含めた**「お客様」が存在するという意識**だ。お客様を意識しなければ、一人よがりの無意味な仕事に陥《おちい》る危険もあるぞ。

6 仕事進行のチャートを作れ

大きな仕事になればなるほど仕事は複雑になっていく。進行を頭で整理するだけでは、思わぬ抜けやミスが起こることも。そこで仕事に関する専用ノートを作り、進行などを書き込んで、チャートを作ってしまおう。

変更点や新たな決定事項があればその都度書き込んでいく。このノートを毎朝確認してから仕事に臨《のぞ》めば曖昧な点もなくなる。ミスは減るし気持ちにも余裕が出てくるはずだ。

進行チャートの例

○○キャンペーン進行表

物件名	1水	2木	3金	4土	5日	6月	7火	8水	9木	10金	11土	12日	13月	14火	15水	16木	17金	18土	19日	12月	13火	14水	15木	16金	
案内書	企画会議	企画決定	打ち合わせ			デザイン発注			ダミー完成	デザイン発注			校正	修正			入校			色校正			再校正		
折り込みチラシ			打ち合わせ			デザイン発注							ダミー完成	校正	修正		入校			色校正			再色校正	修正	
展示会			会場決定			会場下見		打合わせ		のぼり発注	要員調整			要員教育会							要員調整			のぼり完成	

社内文書の書き方12の法則

社内文章は伝えたい内容を正確にわかりやすく伝えられるよう、定まった形式に則《のっと》って簡潔に書こう。

中沢だ
1週間後に正式に書類を交わすから
その旨の文書を作成して
井上副社長に持参して欲しいんだ

1 社内文書って何？

社内での通知や連絡のための文書が社内文書。辞令や健康診断のお知らせのように会社側から社員に渡されるものもあるし、経費精算書など社員が会社側に提出するものもある。

提案書のように社員が上司などに提出するものもある。つまり社内文書の目的は、社内の業務を円滑にしたり、資料や証拠、証明などにするためだと言える。

2 書き方の注意

誰が読んでも内容が正確に伝わるよう、簡潔にわかりやすく書こう。美辞麗句《びじれいく》や時候《じこう》のあいさつはもちろん不要。そっけないくらいの文章で構わないのだ。

基本は横書きで、ひとつの用件につき用紙1枚でまとめる。文字はワープロが読みやすいので無難だ。

もっとも気をつけたいのは内容に誤りがないかどうか。**日付や数字は特に気をつけるべし。**

3 どんな種類があるの？

社内文書には以下のような種類がある。異動や昇進を通知される辞令、経費の精算に不可欠な精算書、上層部の決済や承認を求める稟議書《りんぎしょ》、業務等に関する提案をする提案書など。

ほかに欠勤や休暇、遅刻や早退の届や願い、出張報告書、進退伺《しんたいうかが》い、依頼状、解雇《かいこ》予告通知書などもある。

社内文書の種類

辞令
異動や昇進を通知する。

精算書
交通費や出張旅費、接待費用など経理の精算に使用する。出し忘れたらキミが損をする。

稟議書
別名「伺い書」。各部門の担当者が上司に伺いを立て、承認を求める。

提案書
その名の通り、仕事の進め方や改善案などの提案をする文書。

欠勤、休憩、遅刻、早退届・願い
この届けがなければ「無断欠勤」や「無断早退」などになり、給与や昇進にも影響を及ぼす場合もある。

進退伺い
会社に重大な問題の判断（過失による処分など）を仰ぐ場合などに使う。

依頼状
他の部署などにお願いごとをする文書。

4 欠勤・休暇の届・願い

会社を休みたいときは事前にその旨を会社に伝えておく必要がある。勝手に休むと無断欠勤となるので要注意。

多くの会社では印刷された専用用紙が用意されているので、それに必要事項を記入すればよいだろう。ない場合は、例を挙げたので参考にしてほしい。

休みたいと伝える場合、「届」にするか「願い」にするかは各自判断すること。また「休暇」とは有給休暇を指すのが一般的だが、ほかに慶弔《けいちょう》や病気療養、女性の生理日や産前産後などの特別休暇がある。

欠勤届の例

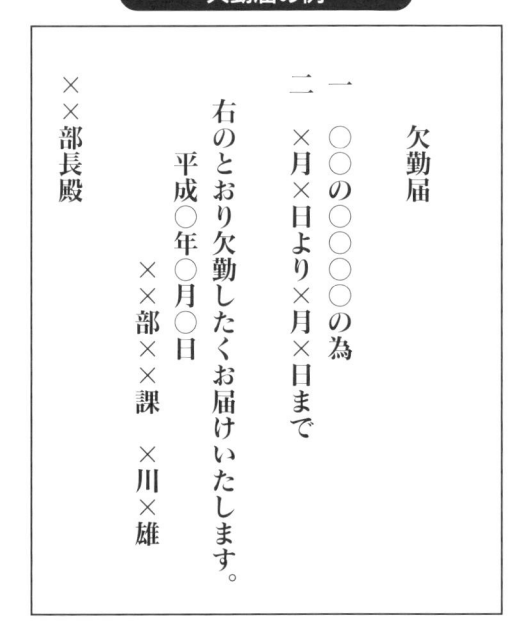

欠勤届

一　○○の○○○○の為

二　×月×日より×月×日まで

右のとおり欠勤したくお届けいたします。

平成○年○月○日

××部××課　×川×雄

××部長殿

5 遅刻・早退の届・願い

遅刻や早退の場合も、欠勤・休暇と同様に「届」や「願い」を提出する必要がある。急病など、口頭や電話で当日になって取り急ぎ申し出ざるを得ない場合もあるだろうが、そういった場合でも後日書類をきちんと提出するのが正式なやり方だ。ただし会社によってはそれほど細かく要求しない会社もある。

早退届の例

早退届

所属長			人事担当	
課長	係長	部長	係	課長

平成　年　月　日

所属

氏名　　　　㊞

次のとおり早退いたしたいのでお届けします。

期間	平成　年　月　日自　時　分 至　時　分
事由	
備考	

6 出張報告書

出張に出たら帰社後に報告書を提出する必要がある。その際、日付や宛先《あてさき》（会社の慣例に従って課長や部長宛てにする）、報告者のほか、内容をすぐに把握《はあく》できる標題をつけるとわかりやすい。

報告内容は**6W2Hが基本形式**。「いつ（When)」、「どこで（Where)」、「誰が（Who)」、「誰に(Who)」、「何を(What)」、「なぜ（Why)」、「いくらで(How much)」、「どのように・どうする（How)」だ。

簡潔な文章で、必要なら図や写真も使う。読み手が理解しやすい文書を心がけるべし。

出張報告書の例

出張報告書

平成　年　月　日

○○部長殿

報告者 所属

氏名　　　㊞

○○○○について

出張先

出張期間　　　年　月　日～
年　月　日

同行者

目的

報告事項

7 辞令について

入社後まず目にする社内文書といえば、辞令だろう。新人研修を修了した人に会社側が配属先などを伝達する文書だ。

辞令はほかに、人事異動や昇進などを社員に通知する際に渡される。

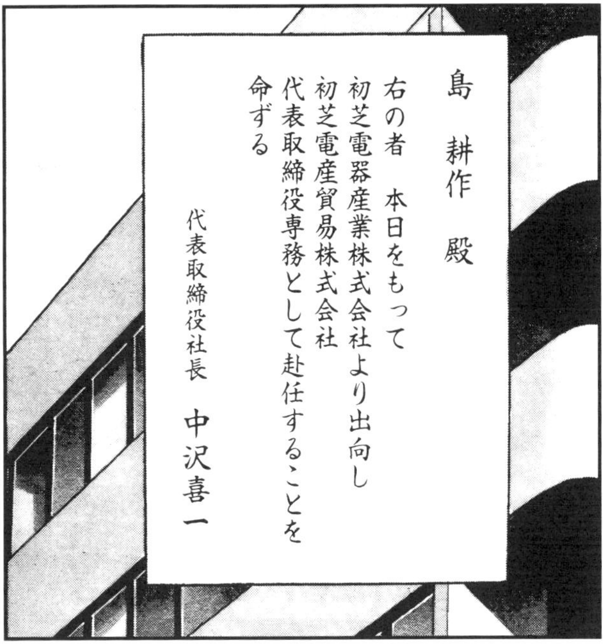
島　耕作　殿
右の者　本日をもって
初芝電器産業株式会社より出向し
初芝電産貿易株式会社
代表取締役専務として赴任することを
命ずる
代表取締役社長　中沢喜一

8 精算書について

業務上必要とされた交通費や資料購入費、出張の際の宿泊費などの精算をする文書。

電車代などを除き、ほとんどの経費請求には領収書の添付が必要となるので、領収書は必ずもらい紛失しないようにしよう。

また何のために経費がどれだけかかったかを、日頃からメモしておくと精算のし忘れがない。多くの会社では精算日が決まっているので注意したい。

精算書の例

精算書

年　月　日

検印	記帳印	係印

科目	適　用	金　額
		円
		円
		円
		円
		円
		円
合　計		円

9 稟議書《りんぎしょ》について

実務レベルの担当者が責任の範囲外のことについて、上司の判断を仰ぐための文書が稟議書。

「○○の件について××したいのですがどうでしょうか」と尋ねてみるわけだ。

目的は上司から「ＯＫ」の返事をもらうこと。そのためには筋道を立てた簡潔な文章でまとめる必要がある。

決裁《けっさい》に至るまで文書は何人もの上司の間を巡回するので、巡回する人々の役職名を記した欄を設け、そこにサインまたは押印してもらうと間違いがない。

稟議書の例

稟議《りんぎ》書

提案日	年　月　日	決裁者	社長	担当役員	部長	課長	係長
決裁日	年　月　日	起案者（氏名・印）	印				

アルバイト雇用お願い

年末の繁忙期にあたり、販売員補助のためのアルバイトを下記の要領で雇い入れたいので、ここにお伺いいたします。

1.雇用期間／平成○年○月○日より○月○日まで
1.雇用人員／5名
1.雇用職種／店頭販売員（補助）
1.勤務時間／午前10時より午後6時まで
1.給与／時給＠950円　※交通費全額支給
1.募集方法／アルバイト誌による告知募集

※必要経費などは別紙参照のこと

以上

10 進退《しんたい》 伺《うかが》いについて

深刻な過失を犯した場合などに自分の責任を反省し、「辞職してお詫《わ》びしたいのですが、その決定は会社側の判断にお任せします」という趣旨で提出するのが進退伺い。

「願い」、「届」と異なり、「伺い」は重大な問題の判断を会社に仰ぐ場合や、業務上の責任についての処分を仰ぐ場合に使われる。

進退伺いではまず失態についてお詫びし、責任をとって辞職する意志を明記する。**提出の際は辞表を添える。**

進退伺いの例

進退伺い

今般、私の不始末により、会社に有形無形なる損害を与えましたことを深くお詫び申しあげます。

今回の不始末は私の不注意によるものでありますので、辞職して責任を負いたいと存じております。

何分ご決裁をいただきたく、辞表を同封し、ご指示をお待ち申し上げます。

平成○年○月○日

○○○出版株式会社
編集部　山田○○ 印

○○○出版株式会社
代表取締役社長　伊藤○○殿

11 解雇《かいこ》予告通知書について

会社側が従業員を解雇しなければならない場合、経営者や使用者は少なくとも30日前に解雇予告をするか、30日分の給料を支払うことが法で定められている。但し、懲戒解雇《ちょうかいかいこ》の場合は予告なしでできる。

通常の解雇の場合に事前に渡されるのが解雇予告通知書だ。口頭で直接伝える場合もあるが、その場合でも正式の文書を渡すのが一般的だ。

解雇予告通知書の例

解雇予告通知書

前略　当社は貴殿を就業規則第○○条によって本状送達の日より三十日後に解雇いたします。

右労働基準法大二十条の規定により予告いたします。

なお、右解雇の効力発生の日までの賃金および退職金は、○月○日当社経理部経理課で受領してください。

平成○年○月○日

東京都○○区○○町○丁目○番○号
株式会社○○産業
代表取締役　○山○○郎

××部××課
×川×雄　殿

12 提案書

上司や部署などに対して何らかの提案をする文書。課内のような小さな規模を対象にしたものから、上層部や社内全体を対象にしたものまで幅広い。現状や背景をふまえて、なぜ、どんな提案をするのか、明確に簡潔に書こう。

社外文書の書き方7の法則

社外の人に宛《あ》てて出す文書は用件をきっちり正確に伝えることが第一の目的。
　相手は社外の人なのだから失礼のないように礼儀正しい形式に則って文書を作成しなければならない。

1 社外文書って何？

社外の人に宛てる文書が社外文書。内容的には慶弔状《けいちょうじょう》やあいさつ状などの社交文書と、照会状などのビジネス文書の２種類に分けられる。

ビジネス文書の場合、用件自体は取り急ぎ電話で伝えても、内容の確認や詳細な依頼を後日文書で出しておくのが正式なビジネスのやり方だ。

2 社外文書の種類

社外文書には具体的には以下のような種類がある。社交文書としては、慶事や弔事の際に出す慶弔状、異動のあいさつやお礼のためのあいさつ状、暑中見舞いや病気見舞いなどの見舞状、イベントや会合への招待状や案内状など。

ビジネス文書としては、人事異動や住所変更などを連絡する通知状、在庫の有無などを問い合わせる照会状、入金や納品を催促する督促状《とくそくじょう》、新規取引や講演などを依頼する依頼状、見積りを依頼する見積依頼状、見積りした結果を知らせる見積書、商品を注文する注文状などがある。

ビジネス文書

通知状
人事異動や住所変更、商品の出荷・着荷など取引上必要な用件を通知する文書。速やかに伝えよう。

依頼状
新規の取引や講演などをお願いする文書なので、礼儀を尽くして書くこと。

照会状
実務上不確実、不明な点（見積りや在庫の有無など）を尋ねる問い合わせ状。依頼状に類似しているが、性質はより事務的で実用的である。

見積依頼書・見積書
新規や新しい条件で取引する場合に見積りを依頼するのが見積依頼書で、その返事が見積書。

注文状
商品の買い入れを申し込む文書。

催促状
入金や納品、見積書の送付などが期限を過ぎても実行されない場合に使用する。これをひんぱんに受け取ると仕事ができない奴の烙印を押されることになる。

社交文書

慶弔状
慶事、弔事共に、ともかくすぐに出した方がよい。大切なのは気持ちだ。

あいさつ状
お礼状や異動のあいさつなど礼儀上も大切だが、直接営業に関係することなのでこれも早く出すこと。

見舞状
暑中・寒中見舞（時候見舞）はもちろん、病気や災害など相手の安否を尋ねて気づかう文書なので相手の心中を第一に考えた内容にする。

案内状
式典（謝恩会や設立パーティーなど）やイベントなど、各種の集合や会合を催すときに配る。目的・日時・場所をはっきり明記するのを忘れずに。

3 社外文書を書く上での注意点

きまりきった形式や表現で綴《つづ》るのが正式だし、失礼のない書き方になる。定型どおりの文書こそが社外文書だと心得よ。

自分の個性を出そうなどと考えるのは絶対に避けるべし。また送るタイミングを逃さないことも大切だ。ワープロや印刷の文書の場合は**肉筆でひと言添えるのがマナー。**

4 敬称に気をつけよう

会社など組織や機関の場合は「御中」、役職名は「殿」、役職名のあとに名前を続ける場合は「殿」か「様」、作家や医師などは「先生」をつける。

「○○部×山×雄部長様」や「○川○○郎先生様」は間違い。

誤った敬称

- 株式会社○○様
- ○○株式会社殿
- □□部×山×雄部長様
- ○川○○郎先生様

正しい敬称

- 株式会社○○御中
- ○○株式会社御中
- □□部×山×雄部長殿
- ○川○○郎先生

いろいろな呼称 ～自称・他称の区別をしよう～

	他　称	自　称
会社・銀行 商店	貴社　御社　貴行　貴会 貴店　貴工場	小社　本社　当社　弊社 当行　本行　小店　弊店 当商会　当所　弊工場
官庁・学校 病院	貴省　貴庁　貴校　貴大学 貴院　御校　御母校	当庁　本庁　当公社 当校　本校　わが校　本学 当院　当病院　本病院
住　地	御地　貴地　貴地方　貴町 貴県　そちら	当地　当市　当村　本県　弊地 当地方　当方面　こちら

5 社外文書の基本形式

横書きの場合、まず右肩に日付、左寄せで相手の社名や部署名、氏名を書く。少し下がって右寄せで発信者の社名と部署名、氏名。このとき相手も発信者も、社名や部署名は「㈱」と略さずに「株式会社」とするなど正式名称を書くこと。

発信者の部分は、実際に文書を書いた人が誰であっても文書の相手と同等の人間の氏名を記す。例えば宛名が部長なら、発信者も部長にしておくのがマナーだ。

そして本文に入る前にセンター揃えで件名を簡潔に記す。本文は前文、主文、末文、必要なら追伸もしくは記という構成にしてわかりやすい文章にすること。末尾に右寄せで実際の担当者の部署名と氏名、連絡先を記入する。

1 発信日

2 宛　名
社名や部署名は必ず正式名称で（株）と略さない。

3 発信者名
発信者は宛名の人物と同格の人間にする。本人の押印も忘れずに。

4 件　名
趣旨を簡潔に。

5 前　文
あいさつは省略してもよい。その場合は「前略」で始まり「草々」で終わる。

6 主　文
用件をわかりやすく簡潔に。「さて」で始まる。

7 末　文
結びのあいさつ。改行して「まずは」で始まる。

8 末　文
結語。5を省略した場合は「草々」で結ぶ。

9 記
補足事項や複雑な内容を箇条書きにしてまとめる。

10 担当者名
社名、部署名、氏名を書く。

社外文書の例

1 平成○年○月○日

○○株式会社
○○部長○山○雄殿 2

3 株式会社××産業
××部長×川×郎 ㊞

4 ○○○○についてのお願い

5 拝啓…………………………（前文）……………………
6 さて…………………………（主文）……………………
………………………………………………………………
………………………………………………………………
………………………………………………………………
7 まずは………………………（末文）…………………
……………………………………………　8 敬具

9 記

1………（補足事項など）……………………………
2…………………………………………………………

以上

10 貴社担当
××部　○村××助
電話　……………
FAX……………

6 封筒の書き方

封筒の表書き、裏書きは楷書でていねいに書くこと。㈱などの略称は決して使わず正式名称を記入する。

中身が何なのかわかるように「請求書在中」「資料在中」など書いておこう。封はセロテープやホッチキスではなく、糊《のり》で閉じるのがマナーだ。

封書の書き方の例

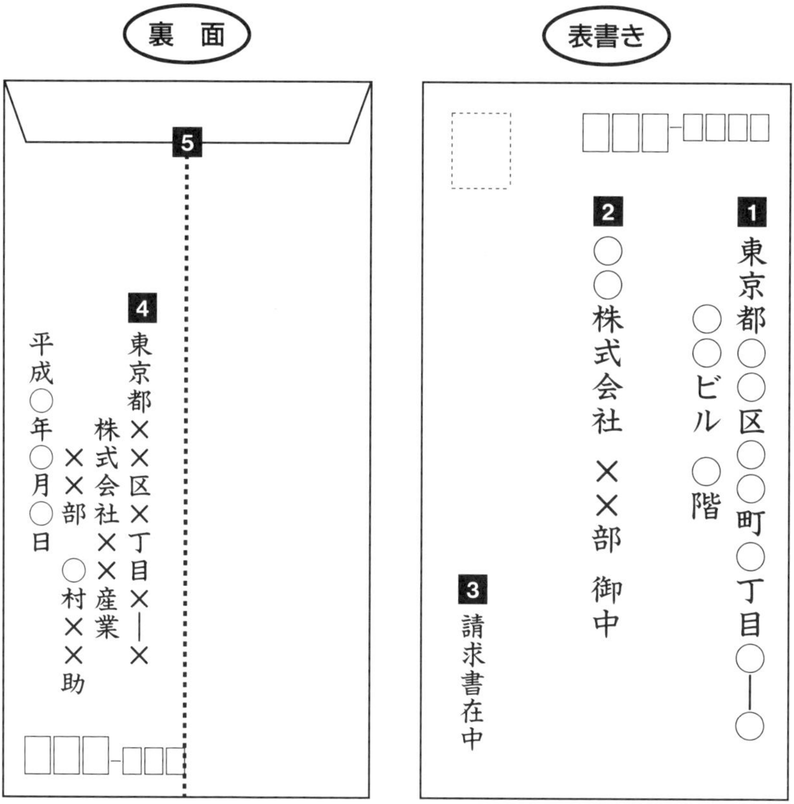
裏面
表書き
5
4
東京都××区×丁目×—×
株式会社××産業
××部　○村××助
平成○年○月○日
1
東京都○○区○○町○丁目○—○
○○ビル　○階
2
○○株式会社　××部　御中
3
請求書在中

1 住所
住所が2行になる場合は2行目の頭は書き始めよりも1～2字分下げる。

2 宛名
会社名や部署名、名前は住所よりやや大きめの文字で書く。ここでも略称は不可。

3 通信目的、内容
「資料在中」「納品書在中」「進展」など内容表示を5文字以内で朱（赤）書きが基本。

4 発信者の住所、氏名、発信日
名前の末尾が一番下になる。住所の末尾は名前より下にこないように。所属部署名も必ず記入する。

5 封
糊で閉じるのが基本。テープやホッチキスはマナー違反だ。

7 データの保管について

文書を書き終わったら、ワープロやパソコンなら文書データを必ず保存しておく。手書きの場合も必ずコピーをとってファイルしておこう。

こうすることで、日にちが経っても自分がいつ誰にどんな内容の文書を書いたかがわかるし、あとでトラブルが起こったときなどにも証拠として役に立つ。

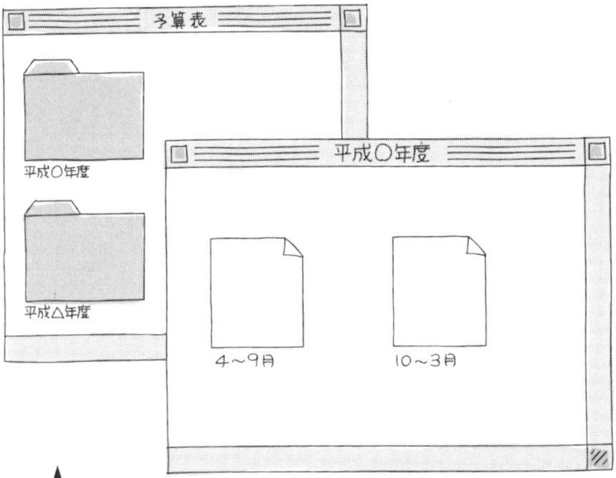

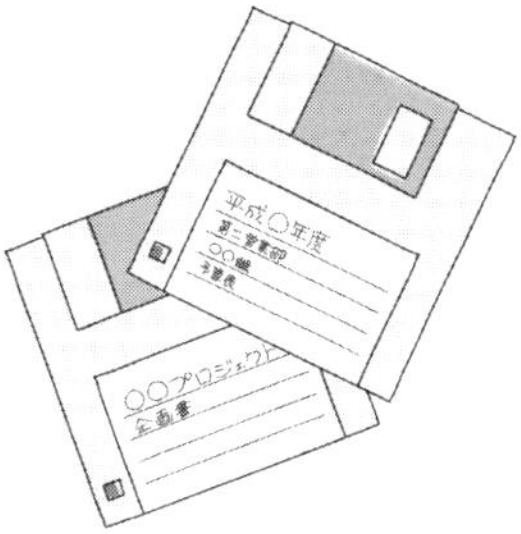

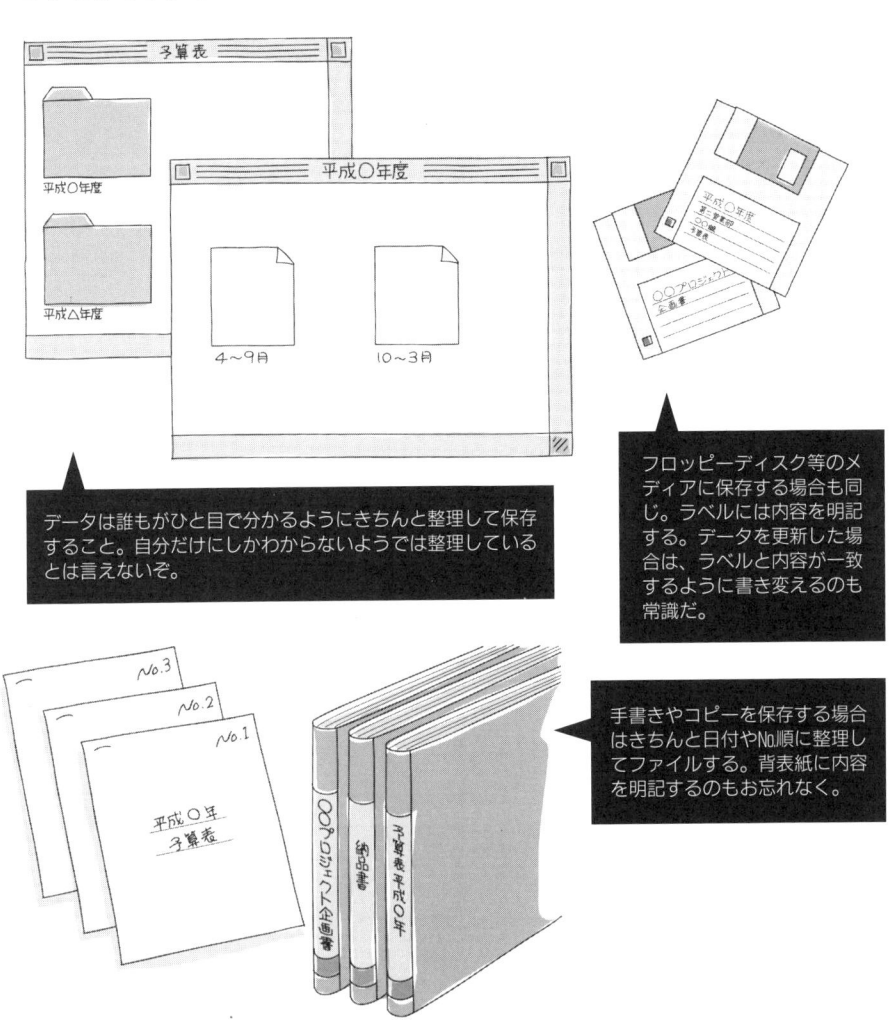

データは誰もがひと目で分かるようにきちんと整理して保存すること。自分だけにしかわからないようでは整理しているとは言えないぞ。

フロッピーディスク等のメディアに保存する場合も同じ。ラベルには内容を明記する。データを更新した場合は、ラベルと内容が一致するように書き変えるのも常識だ。

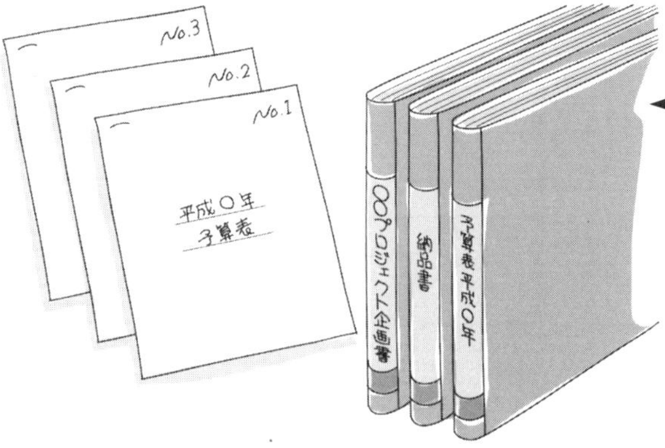

手書きやコピーを保存する場合はきちんと日付やNo.順に整理してファイルする。背表紙に内容を明記するのもお忘れなく。

企画書の書き方 5の法則

企画書で何より大切なのは、内容をいかに正確にわかりやすく伝えるか。

企画の内容やアイディアそのものがいくらすばらしくても、それをうまく伝えられなければ価値がなくなる。企画書の内容は、書いた本人にとってはじゅうじゅう承知でも、読み手にとっては初めて知る内容だ。

そういった人に対して、よく理解できるよう説明するのが、企画書の第一の役割だということを肝に銘じておこう。

1 6W2Hが基本

❶ When …………いつ
❷ Where…………どこで
❸ Who …………誰が
❹ Who …………誰に
❺ What …………何を
❻ Why …………なぜ
❼ How much……いくらで
❽ How …………どのように どうする

企画書の基本形式は6W2Hだ。すなわち「いつ（When）」、「どこで（Where）」、「誰が（Who）」、「誰に（Who）」、「何を（What）」、「なぜ（Why）」、「いくらで（How much）」、「どのように・どうする（How）」だ。

これは企画書のみならず報告書でも連絡文書でも通用する基本中の基本なので、ぜひ身につけたい。

2 企画の動機を明確にする

企画書を作る上で大前提となるのが**「企画の動機」**だ。

何の企画を、なぜ、何のために作る必要があるのか、ということをはっきり摑《つか》んでいなければ、そもそも企画など立てようもない。

つまり企画の名称、背景、目的をきちんと押さえておけば、企画自体を立てる際ブレがないし、もし迷ってもこの原点に立ち戻ることで正しい方向性を保つことができる。

企画書としても一本筋の通った、わかりやすいものができ上がるはずだ。

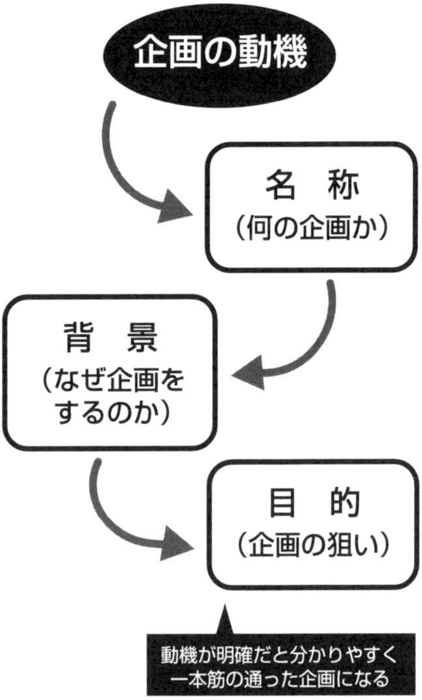
企画の動機
名称
（何の企画か）
背景
（なぜ企画をするのか）
目的
（企画の狙い）
動機が明確だと分かりやすく
一本筋の通った企画になる

3 ネーミングが大切

企画の名称（ネーミング）と内容とは非常に密接な関係がある。ネーミングは基本的には、企画の対象と目的とを正確に表しているものであればよい。

しかし少しでも見当違いのネーミングをしてしまうと、企画者はそのネーミングに引きずられ、見当違いの企画を立ててしまう恐れがある。

例えば、あるメーカーが従来のユーザーには含まれなかった「若い女性」をターゲットにした商品開発を企画したかったとしよう。

これを「従来のラインナップにはない商品の開発」とネーミングしてしまったらどうだろう。「若い女性」をターゲットにした商品開発からはどんどんはずれていく危険性が生まれてくる。

ネーミングは企画の方向性まで左右してしまうので、企画の意図を慎重に検討し理解してからつけるべきだ。

4 よい企画書とは？

すぐれた企画書とは、まず企画の目的に沿った内容であること。読み手がさっと読んだだけで理解できるようわかりやすく書かれていること。

主語と述語のはっきりした簡潔な文章であること。専門用語はあらかじめ「注」で解説しておくなど、読みやすさが考慮されていること。

なぜこうなるのかという因果関係が明確にされていること。内部用企画書か外部用企画書かがはっきりわかることなどだ。

5 企画書を書いてみよう！

a 表紙の書き方

企画書に表紙をつけるということは、タイトルを示すという意味がある。本文の1ページ目という位置づけもあるし、本文中に入れにくい内容を表記するという場合もある。表紙の意味や目的は場合によって使い分けてほしいが、表紙を構成する要素は以下のとおりだ。

提出先の名称、文書の種類（つまり「企画書」であることを明示する）、企画名称（これが表題となる）、サブタイトルやキャッチフレーズ、企画者名、所属部門、提出日（企画書作成日）などだ。

○○○○御中

企画書

■企画名称「○○○○○○○○」
■サブタイトル「○○○○○○○」

○○株式会社　○○部
△山×雄

平成○年○月○日

b 目次の書き方

数枚以上ある場合は必ず目次を入れよう。目次は、これを見れば企画書の内容がすぐわかるようなものであることが必要だ。まず企画名称、「目次」であることの明示、そして目次とページ番号を記載する。また別冊で資料などがある場合はそれも明記しておくこと。

c 企画背景の書き方

企画の立案が必要とされたそもそもの背景について説明する。背景の解説がずれていると、目的からはずれた企画となってしまう恐れもあるので正確にわかりやすく書くべし。

具体的には、環境分析（業界の置かれた状況や競争状況など）、その環境における自社の立場、企画の動機やきっかけを明確に記載すること。

d 分析の書き方

現状を分析して解説する。「現状はこうである、だから当社はこうしたいのだ」と企画の目的につながる重要な部分だ。

具体的には、現状、その状況の意味、問題点（企画の背景と関連づけて）、解決策（企画案）の方向を書いていく。

ｅ 企画内容

ここでは、個別企画の名称および内容、個別企画どうしの関連性（必要ならフローチャートなどでわかりやすく図解する）、説明を補足する資料など、個別企画の問題点と対策などについて記載する。

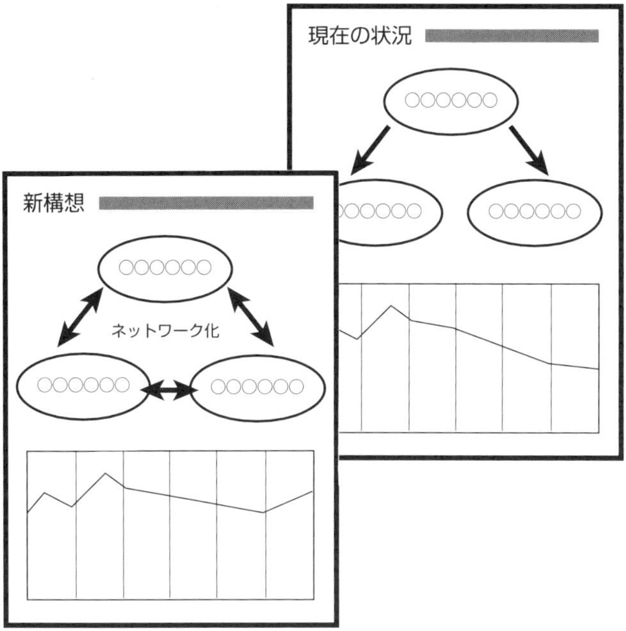
現在の状況
○○○○○○
○○○○○○
○○○○○○
新構想
○○○○○○
ネットワーク化
○○○○○○
○○○○○○

ｆ 企画の問題点、留意点

企画を成功させるにはどの部分をしっかり押さえる必要があるか、どこにポイントがあるかを明記する。また当面は問題にならないものの、先々課題になりそうな事項についても挙げておく。具体的には、留意点とその理由、留意点で挙げた事項がもたらす影響、取り得る対策、今後の課題など。

ｇ 費用予算、日程

予算や日程をきっちり把握《はあく》しないと現実性のある企画書とはいえない。記載する項目は、費用総額、個別企画ごとの費用、固定費と変動費用それぞれの概算、総日数、開始日、最終日、個別企画ごとの所要日数、固定と変動の対象となる業務とその日数などだ。

ｈ 企画関与者一覧

連絡先を明確にするためやスタッフ間の関係把握のため、企画の関与者を一覧にして記載しておく。

具体的には、企画名称、企画の依頼主の社名や肩書き、企画者とその担当、それぞれの氏名、電話番号・ＦＡＸ番号などを明記する。

企画書の基本構造の例

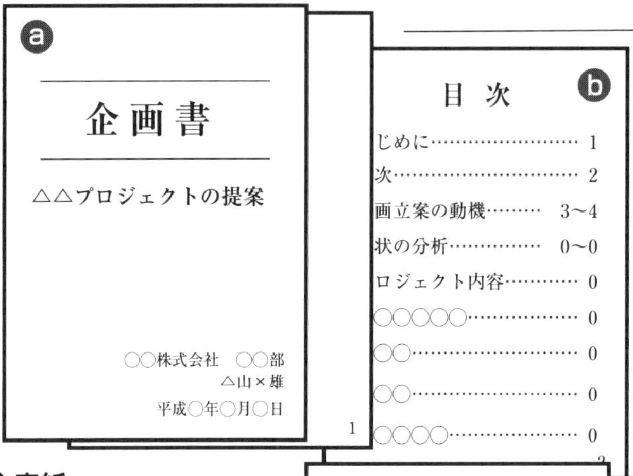
a
企画書
△△プロジェクトの提案
○○株式会社　○○部
△山×雄
平成○年○月○日
1
目次
b
じめに……………………… 1
次…………………………… 2
画立案の動機……… 3〜4
状の分析…………… 0〜0
ロジェクト内容………… 0
○○○○○……………… 0
○○……………………… 0
○○……………………… 0
○○○○………………… 0

まえがき
はじめに、
ごあいさつなど

b 目次

a 表紙
企画の名称、サブタイトル

c 企画背景
環境分析、
企画立案の動機など

d 分析
データや資料を添付する
とわかりやすい

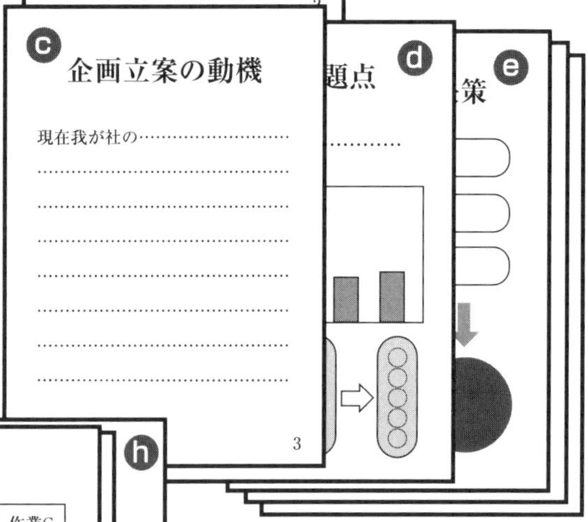
c
企画立案の動機
現在我が社の…………
3
題点
d
策
e

e 企画内容

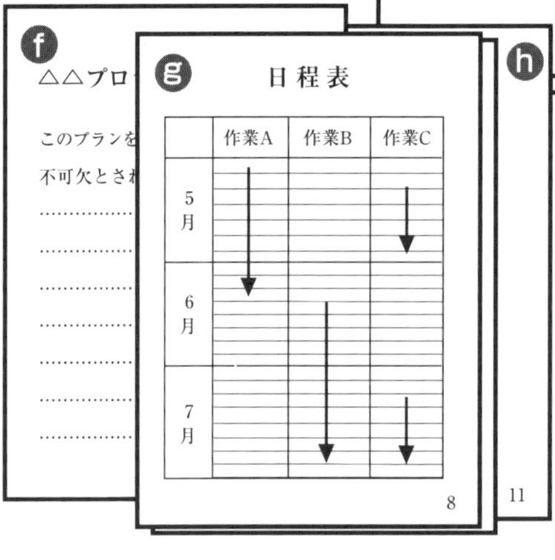
f
△△プロ
このプランを
不可欠とさ
g
日程表
作業A
作業B
作業C
5月
6月
7月
8
h
11

f 企画の問題点、
留意点、ポイント

g 費用予算、日程
一覧表にして見やすくする

h 企画関与者一覧

パソコンの使い方4の法則

会社においてビジネスレターや企画書の作成、工程管理に予算策定、図面の作成等々、パソコンはあらゆる場面で活用されている。

うん ちょっと社員の 個人データを 見せて欲しいんだ
よろしいですよ どなたですか?

1 なぜパソコンが必要なのか

例えばビジネスレターひとつとっても、手書きの方が相手への敬意を表するというメリットはあるものの、パソコンで作成する方が手直しも楽だしデータの保存もできる。

電子メールを使えば安い料金で瞬時に送信することもできる。メリットが格段に大きいのだ。また現在ではほとんどの会社が業務や経営にパソコンを導入している。ビジネスは自分の会社だけでは成り立たないことを考えると、他社のビジネス環境に合わせるという意味合いもあるだろう。

2 パソコン使用上の注意点

まず絶対にしてはならないのが、**パソコンのプラグを不用意に抜くこと**。誰かが使用中のパソコンだったらデータがおじゃんになる恐れもある。

社員だけに教えられるパスワードをむやみに他人に教えないこと。作成した資料や文書は必ずバックアップをとっておくこと。勝手に**ソフトをインストールしたり**、会社側が定めた**システム設定などをいじったりしない**こと。

パソコンのデータを誰かに渡す際は、相手のパソコンの機種やＯＳ、ソフトを確認してから渡すこと。ソフトなどが異なると相手が内容を見ることができない恐れがある。

最低限守れ！ パソコン七箇条

一、プラグをむやみに抜いてはいけない。

一、パスワードは他人に教えるな。

一、資料や文書のデータは必ずバックアップをとる。これを怠るとシステムがダウンした場合、泣いてもデータは戻らない。

一、勝手にソフトをインストールしない。パソコンはキミの私物ではないのだ。

一、システムを勝手にいじるな。各種設定は会社のシステムに合わせて環境を統一している場合が多い。

一、データは誰が見てもわかるようにファイルを常に整理しておけ。

一、パソコンは壊れない限り、人間の指示通りにしか動かない。データ消失やプリントミスは全てキミが悪い。パソコンのせいにしないで取説を読め。

3 入社前にマスターしたい基礎技術

上司から企画書をパソコンで清書するよう頼まれるかもしれない。そんなとき「実はパソコンを使えないんです……」ではたちまち「できない奴」のレッテルを貼《は》られてしまうぞ。

基本的な操作ができる程度にはパソコンをマスターしておこう。最低限身につけておきたいのは、キーボードとマウスの操作、メールソフト、ワープロソフト、表計算ソフトの操作といったところだ。

4 機種は何がいいの？

現在のパソコンは、ＯＳにWindowsを使ったものとMacとに大きく分けられる。一般によく使われるのはWindowsマシンだが、デザイン関係などグラフィック要素の強い業界ではMacが多く使用されているようだ。

入社後自宅用にパソコンを買うのであれば、会社で自分が使用しているものと同じ環境を構築できるものにしよう。

仕事を自宅に持ち帰った場合もすぐに続きを始められるし、でき上がったものはメールでそのまま会社に送ることができる。

メールの使い方4の法則

メールは送信と受信にタイムラグがほとんどないし、電話と違って内容を保存しておくこともできる。

お父さんへ
奈美は今　ニューヨークで外国人アーティストを
日本に呼んでイベントを開く仕事に
携わっています
ニューヨークはとても
エキサイティングで
楽しい町ですが
いろんな誘惑もあって
いささかスリリングでも
あります
今　新人歌手の
プロモーションを
持ち掛けられているんですが

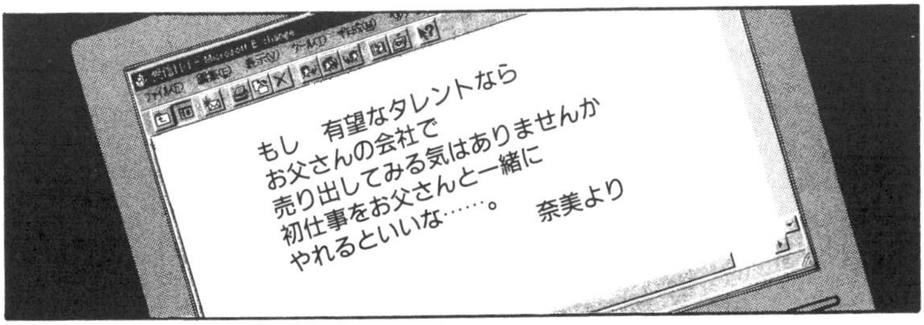
もし　有望なタレントなら
お父さんの会社で
売り出してみる気はありませんか
初仕事をお父さんと一緒に
やれるといいな……。
奈美より

1 なぜメールが必要なのか

電話と違って相手を時間的に束縛することもないし、手紙と違って時間も距離も無関係。画像なども瞬時に送ることができるし、受け取った側はデータをそのまま加工・処理することもできる。

パソコン同様、現在ではほとんどの企業がメールを導入しており、相手が「メールで送ります」と言って来る以上、こちらもそれを受け取ることができる環境が整っていなければ、ビジネスは成り立たないという側面もある。

2 メール使用上の注意点

送る相手がビジネスの相手である以上、電話や手紙同様、メールの書き方や送り方には礼儀正しいマナーが要求される。

例えば件名はひと目で内容がわかるよう簡潔に書くこと、**内容は6Ｈ２Ｗの構成で簡潔にまとめること**、容量の大きなデータを送る際は事前に電話などで相手の了解を得てからにすること、添付ファイルをつける際は、相手が読み込める形式がどうかを確認すること。

相手からのメールを使って返信するときは元のテキストを削除すること、書式はテキスト形式にすること（ＨＴＭＬ方式に対応していないメールソフトもあるので）などだ。

Eメールの入力例

メッセージを送信します。御見積りの件

件名：御見積りの件　　優位度：

（株）□□商事
△△課長殿

お世話になっております。
　○月○日付の見積り御依頼状拝見いたしました。早速検討いたしました結果、以下のとおり見積りいたしました。ぜひとも御用命賜わりたくお願い申しあげます。

　なお、本日は終日外出している予定で電話を受けることができません。お返事はファクシミリか e-メールでいただければ幸いです。

（中略）

FAX：03-0000-0000
○○物産　○○課　△山×雄

3 入社前にマスターしたいメール技術

一般によく使われているメールソフトはOutlook Expressだ。メールの作成、送信、受信の方法は最低限身につけておくとすぐに役立つはずだ。

4 メールアドレスはわかりやすいものを

会社に入ると各人に個別のメールアドレスが与えられるはずだ。その際、ドメイン名（@から右側の部分）は企業や組織を表しているので全社員共通、アカウント名（@の左側）は個人を表わすようになっている会社が多い。

アカウント名は姓をそのまま利用するのが一般的だが、社内に同姓の人がいる場合などはそのまま使うわけにはいかないので、「鈴木太郎」なら「t.suzuki@……」など下の名前のイニシャルなどを付記することが多い。

人と違うアカウント名にしようとして珍奇なものやふざけたものをつけるのはビジネスシーンにはふさわしくない。相手に失礼だし、社会人としてのキミの常識も疑われるぞ。

ボクの失敗談

手抜きって
失礼なことに
なるんだヨ

返信メールで元テキストを消し忘れた！

間違った相手に送信してしまうことを常に心配していたボク。送り先にも本来の相手にも失礼だし、内容によってはトラブルが起こりかねないからだ。そこでボクは、相手から来たメールに「返信」メッセージとしてメールを送ることで間違いを避けようとしていたんだ。ところが落とし穴があったんだ。「返信」にすると相手からのメッセージが元テキストとしてコピーされているが、それを消すのをすっかり忘れて、相手からのメッセージの前に自分のメッセージを書いてそのまま送信してしまった！　次に会ったとき相手からやんわりと嫌味を言われ、初めて気づいた。

Re：コピー機の見積御依頼について

××様
　お世話になっております。
先日いただきましたコピー機の見積御依頼の件ですが
（中略）
○○電気　○○課　△山×雄

－－－－－－－－－－
>○○電気
>△山様
>コピー機の見積御依頼をお願いいたしたく……………………………………

事務機器の使い方7の法則

機器の使い方そのものは先輩に教えてもらったりマニュアルを調べればどうにかなる。気をつけたいのが使い方のマナーだ。

例えばコピーをとるなら、とったコピーを読む人が読みやすいようにとる、次にコピー機を使う人が使いやすいようにする等々、気を遣いたい面が多々あるのだ。

1 コピーの設定は大丈夫？

コピー機でよくやるミスは、用紙の向きやサイズの設定が不適切で、コピー用紙を無駄にしてしまうというもの。縦横の向き、サイズ、枚数など、スタートボタンを押す前にもう一度確認しよう。

複数枚とる場合は、念のためにまず１枚だけコピーして間違えていないことを確かめてから、残りをコピーすると安心だ。また複数ページを複数部数コピーする場合は、ソート機能（複数ページを１部ずつに振り分けて部数分コピーしてくれる）を利用すると時間短縮になる。

2 コピー部数を確認しよう

先輩や上司にコピーを頼まれたら、「わかりました、この書類を10部コピーですね」と必ず**数を確認しよう**。

クリップやホッチキスで綴じるのは常識。受け取る人への心配りを忘れずに

コピーし終わったものは、元の書類同様ページを揃え（この段階でページ抜けがないか等の確認をするのは言うまでもない）クリップなどで綴《と》じてから渡すようにしよう。

ちょっとしたことで、できる奴できない奴のレッテルは貼られてしまうので気をつけるべし。

3 設定を元に戻せ

使用した事務機器は使い終わったら設定を基本設定に戻しておこう。戻しておかないと、例えばコピー機を次に使う人がスタートボタンを押したらいきなり20部もコピーし始めた！　などという大変なことになる。

拡大、縮小の設定も同様だ。コピー用紙も無駄になるし、次の人の時間も喰う。使用後は設定を必ずリセットしておこう。

4 紙詰まりは自分で直せ

コピー機の調子が悪く紙詰まりしてしまった。そんなときは自分で紙詰まりを直そう。

しばらくやってみて直せないようなら、先輩に声をかけ相談してみる。よくわからないからと、紙が詰まったまま知らんぷりで去っていくのはもってのほか。

積極的に故障に関わっているうちに、だんだん機械にも強くなるはずだ！

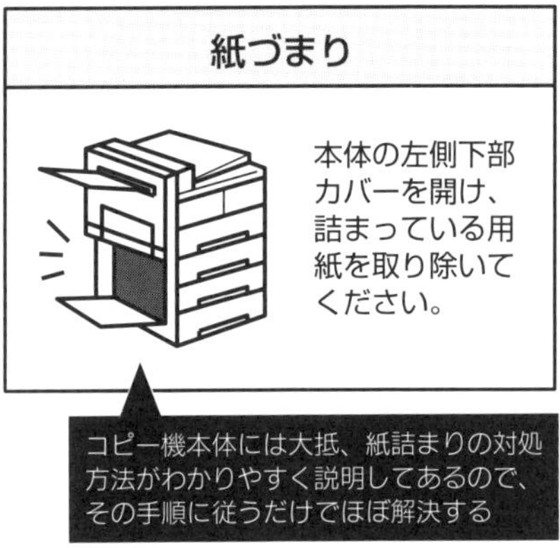
紙づまり
本体の左側下部カバーを開け、詰まっている用紙を取り除いてください。

コピー機本体には大抵、紙詰まりの対処方法がわかりやすく説明してあるので、その手順に従うだけでほぼ解決する

5 FAX番号と電話番号に気をつけよう

電話が鳴って受話器を取ると「ピー、キュルキュル……」とファクシミリの音が。かけてきた相手がＦＡＸ番号と電話番号とを間違えたためだ。受けた方は切るしかないのだが、相手のファクシミリは送信し終わるまで律儀《りちぎ》に何度でも自動的にかけ直してくる。

受ける側はどこからのファクシミリなのかわからないから、苦情を言うことも間違いを正してやることもできない。

誰が考えてもこれは迷惑千万。仕事にも差し支える。ファクシミリを送信するときは**必ず番号を確認してからスタートボタンを押そう**。

ボタンを押したらすぐ立ち去るのではなく、きちんと送信されるまでその場にいること。エラーが起きたら１度ストップし番号などを再確認してみる。何度もエラーが続くようなら、相手先に電話をかけてファクシミリの番号や状況等を確かめてみるとよいだろう。

6 送信原稿をいま一度チェックせよ

異なる文書を何カ所かにファクシミリで送るときなどは、特に原稿を再確認しよう。

例えばある商品についてＡ社とＢ社から見積依頼があったとしよう。見積書をそれぞれ作成し、ファクシミリで送信した。ところが慌《あわただ》しい時期だったせいもあり、送信状はＡ社宛て、Ｂ社宛てで合っていたものの、肝心の見積書がＡ社とＢ社を逆に送信してしまい、割引のパーセンテージが異なっていたため大問題に発展するというようなこともある。

ファクシミリを送る際は、送信直前にも必ず中身をチェックするようにしたい。

FAXの基本知識

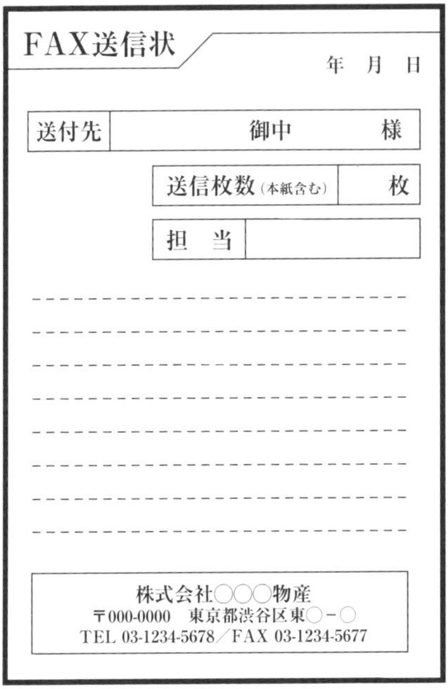
FAX送信状

年　月　日

送付先	御中　　様
送信枚数（本紙含む）	枚
担　当	

株式会社○○○物産
〒000-0000　東京都渋谷区東○－○
TEL 03-1234-5678／FAX 03-1234-5677

a 1枚目には「送信状」を使用する

送信状には、送信日、宛先（会社名・部署名・氏名）、送信枚数、発信元（キミの氏名）を記入する。キミの会社の社名・住所・電話・FAX番号はすでに送信状にプリントされているはずなので、書かなくてOK

b「送信状」には伝えたい内容を簡潔に書く

「いつもお世話になっております。○○の件にて××の書類をお送りします。ご多忙の折恐縮ですがよろしくお願いいたします」程度でよいので、何をファクシミリしたのかひと目でわかるように

c 書類内容を再度確認しろ

d 送信枚数が多い場合は通し番号をつけろ

e FAX番号を間違えるな

スタートボタンを押す前に、もう一度確認しよう

f 送信し終わったら、相手に確認の電話を必ず入れておけ

7 シュレッダーに気をつけろ

シュレッダーとは用の済んだ社外秘の書類などを処分するのに使う事務機器だ。

シュレッダーでやりがちなミスは、処分してはいけない書類をシュレッダーにかけてしまうことだ。

物理的に裁断するのだから、いったんシュレッダーにかけた書類は決して元には戻らない。このミスを防ぐには、書類を何度も確認するしかない。

会議5の法則

やがてはキミも会議の主要メンバーになる日が来る。その日のために今から、会議の進め方や発言の仕方など、会議のあれこれについてきっちり学んで身につけておこう。

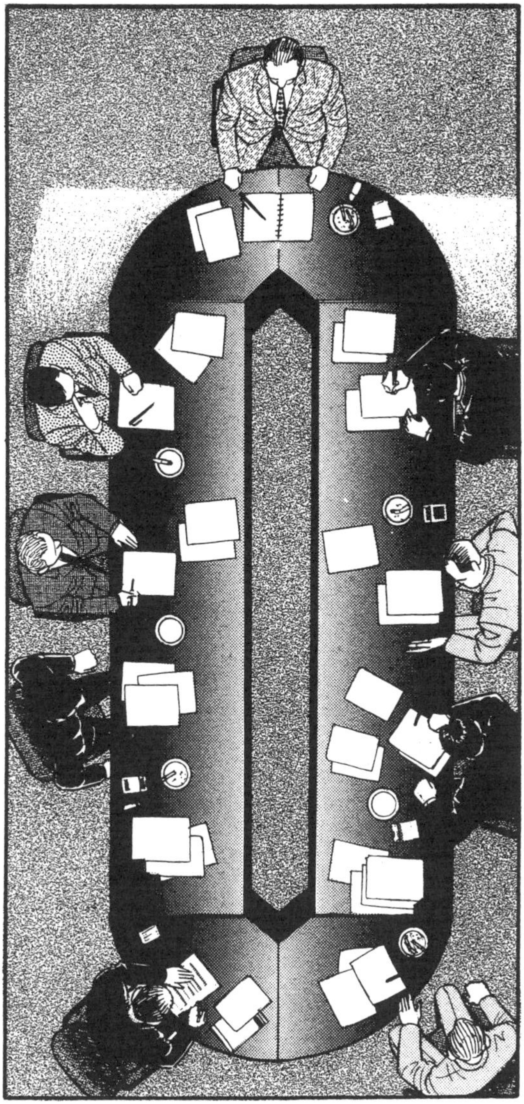

1 会議の種類

チームや課といった小さな単位の会議としては、自由な意見やアイディアを出し合うブレーンストーミングや、現場の意見交換や報告をするミーティングがある。

もっと大きな単位で行なう会議としては営業の月末会議や、ある大きな仕事を獲得するためのプロジェクト会議など。

会議の時間帯もさまざまで、朝いちばんで行なわれる会議から、昼食を兼ねた会議、午後の会議など。時間帯によって会議そのものの性格も異なるので、まずは参加してその性格や雰囲気を感じ取ろう。

2 会議で厳守したいこと

- ■集合時間の厳守
- ■資料を忘れるな
- ■メモをとれ
- ■話をよく聞き、理解せよ
- ■会議中に中座するな

何より**厳守すべきは「集合時間」。**
あらゆる場合に通ずるが、定められた時間よりやや早めに到着しているのがマナー。遅刻は絶対許されない。

第2に**「資料を持参する」**こと。
会議にあたっては事前に資料が配布される場合がほとんどだ。これを忘れては会議の流れについていけない。

第3に**「メモをとる」**こと。
先輩や上司の発言は多くの場合、指示や命令が含まれている。重要な決定事項もある。よって筆記用具は必携だ。

第4に**「無駄口を叩かない」**こと。
社会人として、会議の席では私語を慎むのは鉄則だ。

第5に**「人の話をよく聞いて理解する」**こと。
話のなかに指示や命令が含まれていれば、自分が具体的にすべきことは何かをよく把握しよう。また会議全体の流れや、誰がどんな理由でどんな発言をしているかを見極めることは、今後の仕事の進め方や将来の会議への参加の仕方に大いに役に立つはずだ。

第6に**「中座しない」**こと。
会議中、休憩時間でもないのに席を立つのは失礼だ。携帯電話の電源を切っておくのも当然のマナーだ。

3 会議の進め方を知ろう

小規模な会議でも大がかりな会議でも、共通する進行がある。きちんとした会議では司会や議事進行係がいて、効率よく議論を仕切っていく。

大まかには、問題提起とそれについての議論、全体的な意志の決定、そして議事録作成という流れだ。

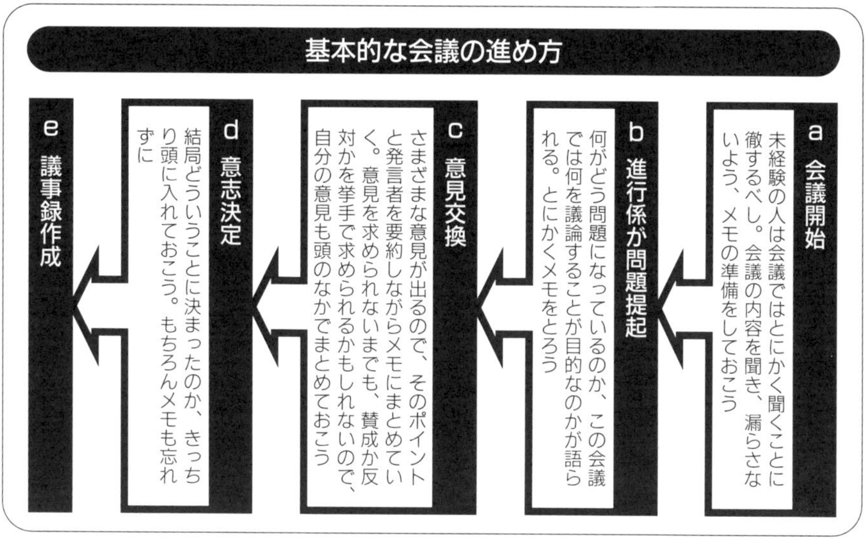

基本的な会議の進め方
a 会議開始
未経験の人は会議ではとにかく聞くことに徹するべし。会議の内容を聞き、漏らさないよう、メモの準備をしておこう
b 進行係が問題提起
何がどう問題になっているのか、この会議では何を議論することが目的なのかが語られる。とにかくメモをとろう
c 意見交換
さまざまな意見が出るので、そのポイントと発言者を要約しながらメモにまとめていく。意見を求められないまでも、賛成か反対かを挙手で求められるかもしれないので、自分の意見も頭のなかでまとめておこう
d 意志決定
結局どういうことに決まったのか、きっちり頭に入れておこう。もちろんメモも忘れずに
e 議事録作成

4 会議の準備を任されたら

会議の準備を任されたら、まずは**上司の指示を漏《も》らさずメモしよう**。その場で聞いて覚えようとするのは無謀だし、あとから再度上司に聞きに行くのはマイナスポイント。

メモをとっていてもわからなくなるときはあるが、そのまま進めるのは絶対にＮＧ、その都度確認するべし。そのためにもメモをとって、メモに照らし合わせながら不明点をチェックしていくとよい。

チームや課といった小さな単位の会議なら、場所は打ち合わせ用のテーブルや社内の喫茶店などで構わない場合もあるが、大きな単位の会議の場合、会議室を押さえる必要がある。

基本的な会議の準備

a 場所の確保

b 開催通知の作成
会議の出席者に開催通知を出す。通知には、会議のテーマ、日時、場所、連絡先、必要資料などを明記する

c 人数分のイス、テーブルの確保
会議室は確保できてもイスやテーブルはどうか。人数に合わせて確保しておこう

d マイク、ホワイトボードの確認
マイクはきちんと音が入るか、ホワイトボードは確保できるか、ボード用ペンのインクはあるか等、事前に確認しておく

e 資料の作成
必要な資料は少なくとも会議の前日までには参加予定者に配布しておくこと。資料作成は早いうちからとりかかるに越したことはない。先輩や上司にも助言を仰ごう

f 準備完了の報告
自分で再確認を済ませてから、上司に準備完了したことを報告。上司にも内容を確認してもらおう

5 議事録係を任されたら

会議中に発言されたすべての言葉を、**ひと言も聞き漏らさずメモをとるべし**。録音するのもよい方法だ。ただし録音する場合でもメモはとっておくこと。録音機器のトラブルで録音されていなかったり、複数の発言が交錯《こうさく》して誰の発言かわかりにくかったり、小さな声はうまく録音されていなかったりするからだ。メモや録音テープをもとに、５Ｗ１Ｈと議事決定事項とを明確にした議事録を作成する。自信がなければ先輩にチェックしてもらうとよいだろう。

ボクの失敗談

部長に恥をかかせてしまった……

上司に恥を
かかせたり
しないように

ある会議のとき、資料作りを任された私。その資料に基づいて部長が発表していったが、数字がまるで違っていた。私は部長の発言をストップさせ、「今、部長が言った数字は実は間違いでして」と訂正してしまった。それから、部長の機嫌は悪くなるし、会議が終了してから課長に呼ばれ、こっぴどく怒られたのは言うまでもない。「あのようなときは、部長の発言を止めずに、キミが会議の後から正しい資料を配布するか、全員にメールを送ればよいだろう」と……。

商談6の法則

商談がどういう手順で行なわれるのか、ビジネスマンにとって商談がいかに重要な場かといったことは、できるだけ早く覚えておきたいものだ。

上司の隣にただぼんやり座っているだけでは、キミの将来は暗いぞ。先輩や上司のやり方を観察し、吸収すべきところはどんどん吸収して将来に備えよう。

交渉は最初から高いテンションの中で始まった
経営権の及ぶ範囲や著作権使用に関しての
話し合いはスムーズに進んだが
やはり買収価格のところで難航した

1 商談って何？

商談は会社が利益を追求する組織である以上、絶対不可欠のものだ。

できるだけ多く高く売りたいこちら側と、できるだけ安く買いたい相手側とのシビアな攻防。ビジネスマンにとってもっともやりがいを感じる場面であり、腕の見せ所でもある。

2 商談の前にしたいこと

商談は事前の準備がモノを言うのだ。どんな戦略でいくのか計画を立てる。

売りたい商品や企画のことを徹底的に調べ上げ、100%熟知しておくのは言うまでもない。資料を見ながらおろおろと説明したのでは相手に信用してもらえないぞ。そしてその商品の問題点もチェックしておき、どう説明すれば相手に納得してもらえるかまで考えておく。

商談に臨《のぞ》む心構えとしては、1回や2回の訪問で済むとは考えないこと。何度でも通うくらいの気持ちで臨もう。

3 アポイントをとりつける

商談はまず、会う日時の約束をすることから始まる。週明けや連休明けの午前中や月末はどこの会社も忙しいのでなかなかアポイントはとりにくいし、とれても当日キャンセルになる恐れもある。避けた方がよい。

会社や業種によって忙しい時期、都合のつきにくい時期があるので、相手の仕事内容をよく考慮してから日時を提案しよう。もし断られてもすぐに引き下がらず、「では○日はいかがでしょう」など代案を具体的に提示しよう。

4 プレゼンテーション（商品説明）

企画や商品の概要を説明するのがプレゼンテーションだ。この場合、企画書や提案書だけでは相手への訴求力が弱いし、理解もされにくいので、商品パンフレットや模型、持ち歩ける商品であれば現物を提示しながら説明していこう。

いかに商品がすばらしいか、いかにコストパフォーマンスがよいかなど力説したい。プレゼンテーションは多少強引でもよいから、**思い切った態度で押し切ろう**。

元気が余って万一ミスをしても、同席の先輩や上司が助け舟を出してくれるはずだ。

5 問題を提起された。どうする？

商談相手から問題点や疑問を投げかけられたりした場合は、その場でキミがすぐに答えられるような問題なら答えればよいのだが、そうでない場合は「今すぐにはお答えできませんが、後日必ずお答えします」ととりあえず伝えよう。「わかりません」と開き直ったり、適当な答えでお茶を濁すのはもってのほかだ。

特にお金にからむ問題はあなた一人で答えられる性質のものではない。会社に戻ってから上司や先輩に相談しよう。答えが出たらできるだけ早く相手に伝える。

もし時間がかかりそうなら、「先日お問い合わせの○○の件ですが、現在担当者に調べさせていますので来週にはお返事できると思います」など一度こちらから必ず中間報告をしよう。何も連絡せずに放置しておくと、その取引は消えてしまうと思え。

6 商談がうまくいかない原因を探れ

商談が一度でうまくいくことなどめったにない。うまくいかなくてもいちいちへこたれずなぜ成功しなかったか、どこがいけなかったのかをよく考えてみるべきだ。

次回はその反省をもとに、違う説明の仕方を試みてみよう。失敗したら原因を追求して次の成功につなげることが、できるビジネスマンへの第一歩なのだ。

接待10の法則

社会人になるといきなり増えるのが接待の機会。接待とはお客様（クライアント）をもてなすことで、ビジネスの円滑な推進を図るもの。とくに営業職にとっては、接待は重要な仕事。覚悟して真剣に臨むべし。

1 相手の好き嫌いを調べろ

もしあなたがお得意様の接待の準備を任されたなら、まずチェックしたいのが相手の好み。相手の好きな料理や飲み物などを調べておかないと、せっかくの接待が気まずいものになる恐れもあるぞ。

2 送迎をきっちりしろ

比較的親しい間柄や接待の場所がわかりやすい場合を除き、接待の相手はタクシーで送迎するのが無難。その際、接待相手は後部座席に、接待する側（つまりキミ）は助手席に座るのがマナーだ。

エレベーターでは接待相手を先に乗せて、**自分はあとから乗り込むこと**。店に入る場合も同様に接待相手を先に入らせる。送迎をしない場合は、ファクシミリで日時や場所（住所と略図）を明記したものを送り、確認の電話を入れること。

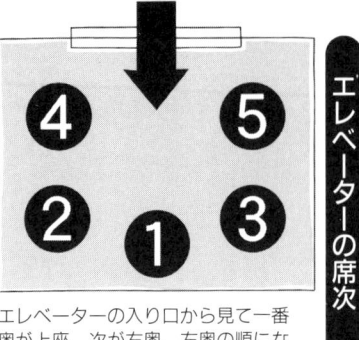

エレベーターの席次

エレベーターの入り口から見て一番奥が上座、次が右奥、左奥の順になる。キミはもちろん入り口付近でボタン操作につとめよ！

タクシーの席次

車の席次は一般的に運転席の後部が上座で、助手席が末座になる。しかし、人それぞれ好みがあるので一番エライ人の希望を聞いて臨機応変に対応しよう。

3 遅刻をするな

あなたが送迎係ではない場合は予定時間の30分ほど前には約束の店に行き、待機しておく。接待する側の遅刻は断じてあってはならないことだ。

早めに店に行き、当日の料理や席次などについて再度確認しておこう。

4 席次について

立場が上の人、つまりエライ人から順に位の高い位置に座るのが基本。ただしどの席が高位になるかは和室、洋室によって異なってくるので注意しよう。

和室ではポイントは床の間と出入り口だ。**床の間の床柱を背にする位置がもっとも上座**。柱を背にすれば背後が安全だからという理由らしい。

その隣が次席となる。床の間を背に三人が並んで座る場合は中央が最上席、その向かって右が次席、向かって左が第三席となる。

床の間がない場合は、**出入り口からもっとも遠い席が最上席**。出入り口にもっとも近い席が末席となる。カウンター席でもこの考え方で席に着けばよいだろう。

和室の席次

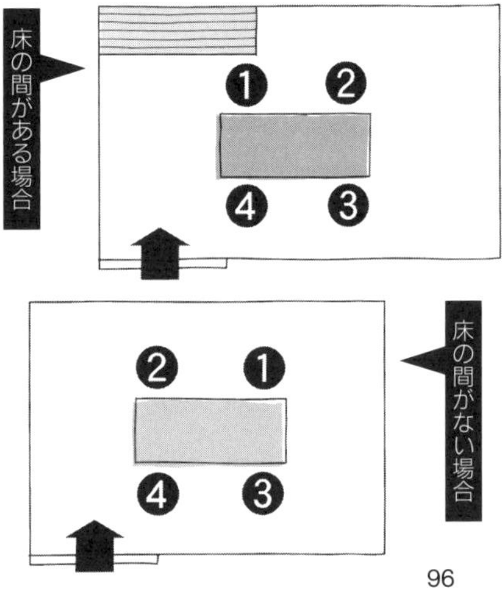

洋室では、**テーブルを前にして右側が上座**、左側が下座というのが基本。**壁際なら奥**、窓からの眺めがあれば**景色をよく見ることのできる席が上席**となる。

中華料理の円卓の場合、**出入り口からもっとも遠い席を最上席**とするのが基本。だが最上席から二通りの席次が考えられる。

一つは時計回りに料理を取り分ける回転卓を考慮した中国式。この場合最上席から時計回りに順次席次が下がり、最上席の左隣は次席、右隣が末席となる。

二つめの考え方は日本式で、最上席の左右に第二、第三、その隣に第四、第五と最上席を中心に左右に席次を振り分ける。最上席の真向かいが末席となる。

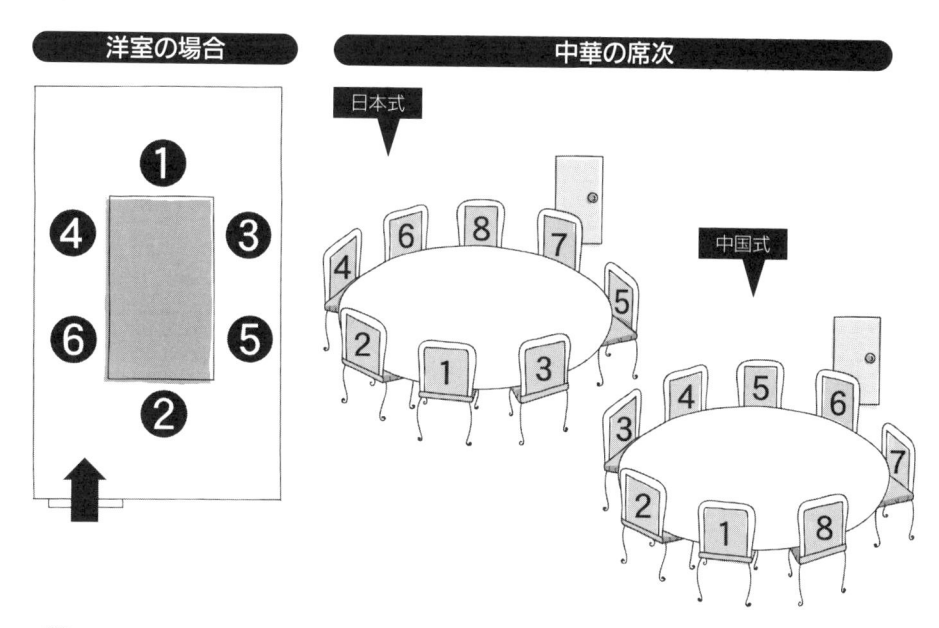

洋室の場合

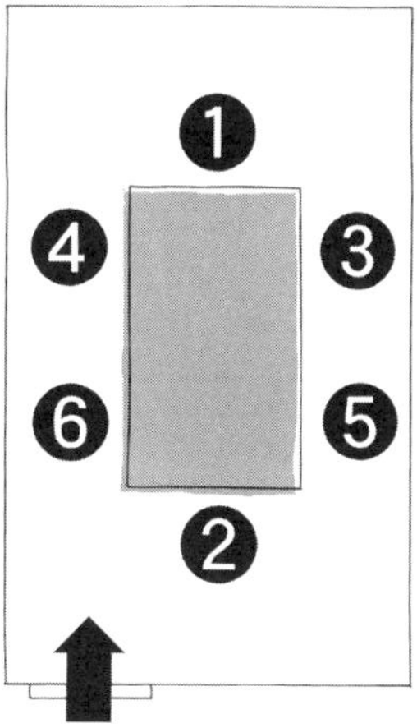

中華の席次

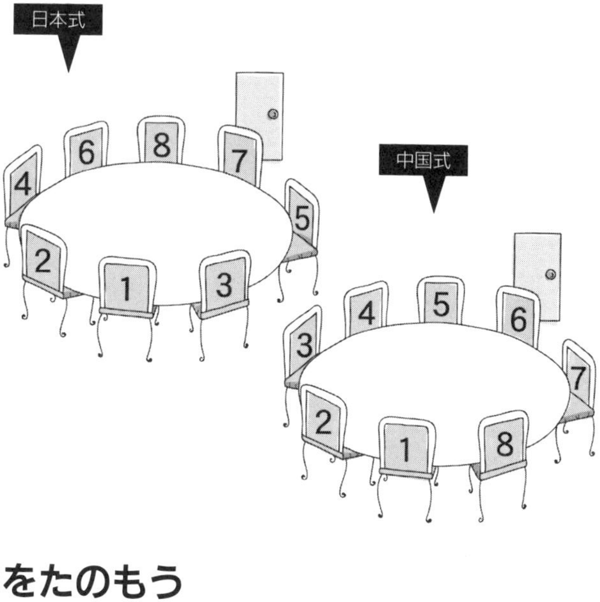

5 まずは飲み物をたのもう

接待相手が店に到着したら、まず「お飲み物は何がよろしいですか」とお聞きして、相手の指定した飲み物を注文する。料理は一品料理よりもコース料理の方が無難だが、コースのなかに相手の苦手な料理が入っていたら、別のものに変えてもらう気配りは必要だ。

飲み物がなくなったら、「先ほどと同じものでよろしいですか」と相手に確認してからあなたがお店の人に注文しよう。

6 酒の注ぎ方と受け方

酒を受けるときは必ず両手で

飲み物が来たら、まずは相手に注《そそ》いでさしあげる。瓶や銚子の下に左手を添えてていねいに注ぐこと。

相手の盃やコップに、瓶や銚子がカチンと当たるのは乱暴で失礼にあたるので注意しよう。盃やコップからあふれるまで注ぐのも失礼だ。

お返しにと相手があなたに注ごうとしているときは、盃やコップの底に**左手を添えて**差し出し「いただきます」と言って注いでもらうこと。片手だけで盃を出すのは尊大な態度だと受け取られる。せっかくの接待も台なしだ。

7 会話への参加にも気を遣おう

若手の人は自ら進んで会話をしきらない方がよい。上司や先輩は、仕事を円滑にしたり次の仕事の受注をしたりするために、さまざまな駆け引きを繰り広げている。

ここでわけのわかっていない人が会話に割り込めば、上司たちの駆け引きを潰《つぶ》すことにもなりかねない。

8 「今日は無礼講《ぶれいこう》」に気をつけろ

無礼講とは身分や階級の区別なく楽しもうといった意味。

宴席も進み二次会ともなるとよく使われる言葉だが、これには要注意だ。「今夜は無礼講だから」という言葉を鵜呑《うの》みにして接待相手や上司に失礼な言動をしてしまったら、まとまりかけていた契約がパーになったり、最悪の場合クビになったりするかもしれない。

常に緊張を持続させておこう。

9 二次会はどうする

接待が二次会まで続く場合はあなたもついて行くべし。クラブのような場所では、接待相手は奥の席、若手は一番端か手前の丸イスに腰掛ける。

店の女性が飲み物を注ぐので、あなたがお酒を注ぐ必要はないが、相手のグラスが空きそうなときはお代わりの飲み物を作るよう店の女性に指示すること。

店の女性とばかり親しくして接待相手を放っておくような態度は絶対に慎むこと。こんなことをされれば誰しも気分はよくない。接待は接待相手に喜んでいただくことが大前提だ。

また二次会がカラオケ店だったら、接待相手に一番最初に歌ってもらうこと。次に上司に歌ってもらう。接待相手や上司の歌は最後まできちんと聴き、歌が終わったら必ず拍手をしよう。

あなた自身は接待相手や上司に勧められるまでマイクは持たない方が無難。歌う場合も１曲でやめること。いつまでもマイクを離さないと相手の機嫌を損ねてしまう。

今は接待をしているんだという意識を常に忘れないことが大切だ。

10 お見送り

接待相手が帰る前に、店に頼んでタクシーを呼んでもらう。タクシー代などを接待相手に渡す際はスマートに。会社がハイヤー会社と契約していれば後日請求書が届く仕組みなので、さらにスマートだ。

お見送りの際は「本日はお忙しいところお時間をいただきまして誠にありがとうございました」と深くお辞儀をしながらお礼を述べ、頭は、タクシーがほぼ見えなくなるまで下げておく。

ここまでやって、ようやく接待は終了となる。

仕事のできる奴、できない奴の違い7の法則

仕事のできる奴とできない奴との違いは、ちょっとしたところにある。その「ちょっとしたところ」が結果に大きく作用するのだ。上司や先輩に注意されたことはきっちりと守りたい。

1 メモをとらない

いかなる打ち合わせ、会議、電話であっても**メモをとらない奴はミスも多い。**その場では覚えたつもりでも、時間が経つと忘れてしまうのは人間の常。

聞いたことを早合点したり誤解したりしている場合もある。些細《ささい》なことでもメモをとり記録として残し、確認することが、ミスを減らし確実な仕事の遂行につながる。

2 伝達がヘタ

伝達する際、話がまわりくどくわかりにくい奴がいる。これは伝える側が伝達内容の骨子を理解していない証拠だ。複雑な伝達内容でも、自分がきっちり理解できていれば、何が大切なのか、どの部分をまず伝えるべきかがわかるはず。

効率よく伝えられない人は、**伝えたい内容をまずメモで整理**してから伝えよう。

3 自分を自分で評価する

「俺は仕事ができるんだ」「私は頭がいいから」など自分で自分を高く評価している奴ほど、なぜか仕事ができないものだ。

独善的なものの見方しかできず、しかもそれを他人に広言して恥ずかしいとも思わない客観性のなさが、仕事の出来にも関わってくるのだろう。

評価は本人ではなく周りがするもの。とにかく一所懸命仕事をこなしていれば、**評価はあとからついてくる。**

確かに　君は
能力がある
今の仕事では不足だ
ということもわかる
しかし　会社は
共同作業の場だ
それぞれのポジションで
それぞれの分担を
まっとうすることが
大切だと思う
説明しにくいが
バランスとか立場
というのがあるんだ
俺の仕事は俺に
させてくれ……
そこまで侵蝕して来て
欲しくない
……

4 仕事より趣味・プライベートが優先

今の時代に滅私奉公しろなどと言うつもりはないが、自分に**任された仕事は最後まで責任をもって仕上げる**のが社会人として当然の話。

デートがあるから趣味を優先させたいからと残業を拒否したり、自分の価値観に合わないからと接待を断ったりというのでは、あなたが優秀な人材であっても円滑なビジネスは望めない。

あなた一人でなく、同じチームに迷惑をかけることになりかねないぞ。

5 同じミスを何度も繰り返す

人間誰しも間違いはある。ましてや新入社員ならなおさらのこと。だが、できる奴とできない奴との違いはミスをしたあとだ。

できない奴はミスをしても怒られて謝るだけ。何をどうすればよかったのか、今回はどこをどう間違えたのか、次はどうするか等、過去を反省することも未来のために工夫することもしない。

最低でも、いつどんな理由でどういうミスをしたか、**正しくはどうすべきだったのか程度はメモにして自分のために残しておくべき**。ミスは誰でもする。だが同じミスを何度も繰り返すのは、本当に仕事のできない奴だ。

6 状況音痴

周囲の状況が把握《はあく》できない奴も困りもの。これもやはり客観性のなさ、観察力のなさから来るものだろう。

例えば月末で他の課員がバタバタ忙しくしているのに、自分は無関係な顔でマイペース。いつも通りランチにたっぷり1時間かけ、定時になればさっさと帰宅。これでは周りとうまくいくはずがない。

組織のなかにいる以上、周囲の状況に目を配り、忙しそうなら**自ら進んで仕事を買って出る**くらいの気配りが大切だ。

7 自分で調べず、すぐに答えを聞きたがる

わからないことがあればまずは自分で調べること。ある程度調べた上でどうしてもわからなければ、先輩や上司に尋ねてみよう。

ちょっと辞書を引けばわかることを他人に教えてもらおうとするのは、怠慢《たいまん》なだけ。自分で調べてからでないと他人に尋ねるにしても失礼だし、答えを聞いても自分の知識には決してならないぞ。

Business Manner *Chapter 4*

トラブル解決編

ミスしたらすぐに上司に報告する

詫び状・始末書の書き方

上司・先輩とのつき合い方

書類を電車・タクシーに置き忘れたときの対応

円満退職するための正しい辞表の書き方

仕事をミスしたときの対応8の法則

危機管理論などでもよく言われることだが、ミスをしないための対策と同じくらいに大事なのは、ミスが起こった場合の対応の仕方である。

ミスしたときにどう対応するかによって、ミスがもたらす影響を最小限にくい止めることができる。ミスしたときの対応は、社会人としての力量が問われる重要な場面なのだ。

1 すぐに上司に報告をする

ミスをして恥ずかしいのはわかるし、怒られるのは怖いだろう。しかしそんなことを気にしていると、傷口がどんどん広がる恐れがある。見当違いの対応をして取り返しのつかない事態を招くかもしれない。

ミスをしたら**速やかに上司に嘘《うそ》偽《いつわ》りなく報告**し、上司の判断を仰《あお》ぐのがいちばんだ。ただし、常日頃から仕事の進行などを上司に報告・連絡・相談（ほう・れん・そう）していないと、あまり親身になってもらえないかもしれないので上司との連絡は密にしておくよう心がけたい。

2 ミスの原因を把握《はあく》せよ

先輩や上司にミスの経過を正確に報告するためにも、ミスの原因を把握する必要がある。なぜ、どうして、どの時点からミスが生じたのか、過去をふり返って冷静に考えてみよう。

ファクシミリや手紙など文書が残っていればそれも参考にする。日頃から仕事メモをまめにとっておくと、こうした場合にも有効だ。今後同じようなミスをしないためにも、原因をきちんと突き止めておくことは非常に大切だ。

3 すぐに電話を入れろ

ミスの大小を問わず、相手にすぐに電話を入れてそれを伝える必要がある。まず謝ってから、ミスの内容を伝達すること。「○○のはずが私のミスで××になってしまいました」と、**事実を簡潔に正確に伝えよう。**些細《ささい》なミスであれば電話のやり取りだけでどうにかなる場合もあるし、相手が解決策を指示してくれる場合もある。

迷惑を被るのは相手なのだ。一刻も早く事実を伝えることこそが、誠意ある対処の第一歩であることを忘れるな。

4 誠心誠意謝れ

自分のミスのせいで相手に金銭的な損害を与えてしまった場合は、上司に相談し、上司に解決してもらうのがベストだ。あなたが独断で動くと損害がさらに広がる恐れが大きい。

具体的な解決策は上司に任せて、あなたはとにかく**誠心誠意謝る**しかない。言い訳をしたり逆ギレしたりしては、取引は水泡に帰すと思え。

何を言われても耐えるしかない。一度で許してもらえなければ、許してもらえるまで何度でも通いつめて謝り続けるしかない。

5 詫《わ》び状の書き方

ミスをして迷惑をかけた相手に宛てて、お詫びの気持ちを文書で表わしたものが「詫び状」。**謝罪の言葉とミスの内容、原因、今後の反省**を心を込めて書き記そう。

詫び状の例

平成○年○月○日

××工業株式会社　××工場長
×山××雄殿

お詫び

前略　先日電話にてお伝えいたしました○○の納品日の手違いの件、誠に申し訳ございませんでした。

手違いが起きました原因は、私と担当者との間に連絡の行き違いがあったことです。そのため納品日を一週間間違えるという、たいへんなご迷惑をおかけしてしまいました。本当に申し訳ありません。深くお詫び申し上げます。

ただいま担当者が納入品を持って、急いでそちらに向かっております。どうかご高配を賜りますようお願い申し上げます。

今後、このような失態を二度と起こさぬよう万全の努力をいたす所存でございますので、何卒お許しくださいますよう、心よりお願い申し上げます。

まずは取り急ぎ、書面をもってお詫び申し上げます。

草々

株式会社○○　○○部○○課
○川○郎

6 顛末書《てんまつしょ》（理由書）の書き方

ミスが起こったとき、なぜ起こったのか実態を会社に対して報告するのが「顛末書（理由書）」。事実に則って事情を説明するのが大きな目的の文書だ。

7 始末書の書き方

職務上の責任を問われる重大なミスを犯したり、就業規則に背いて懲罰《ちょうばつ》規定に触れたりした場合は、会社に対して「始末書」を提出することが求められる。

始末書はミスを反省し今後そのような失態を繰り返さないことを誓う文書だが、始末書を書かせることが一種の処分とみなされる。

場合によっては始末書を書いた上で減給や降職、一定期間の停職や懲戒免職《ちょうかいめんしょく》などという処分になることもあり得るので、ミスにはくれぐれも注意したい。

始末書の例

始末書

平成○年○月○日提出

営業部長　殿

所 属	○○部○○課	氏 名	○川○郎

具体的報告	処理および結果
×月×日　×時ごろ JR○○線○○駅から××駅の間にて、車内網棚に△△の商品見本を置き忘れ、遺失しました。	××駅に下車後、置き忘れに気づき駅事務所に届出、捜索を依頼するも○月○日現在いまだ発見されておりません。見本の届け先である××工業様には謝罪の上、同様の商品見本を急ぎ作製し、○月×日にお届けしました。

所見

私の不注意により、相手先の××工業様および会社に多大なご迷惑をおかけし、深くお詫びするとともに心より反省しております。今後は大切な荷物は網棚に乗せず、手に持つか膝に乗せる所存です。二度とこのような事態を繰り返さないよう注意することを誓います。

8 解決法を覚えておけ

仕事のできる奴はトラブルの解決法もうまい。日頃から先輩や上司のトラブル解決法を注意深く観察し、いかなる方法がじょうずな解決法なのかをきっちり覚えておこう。そうすれば将来キミがトラブルに巻き込まれたりミスを犯したりしても、すみやかにじょうずな解決ができるはず。

人とのつき合い方6の法則

大きな会社であればあるほど社内にも取引先にも実にさまざまな人がいる。相手のことが好きでも嫌いでも、年齢も価値観も趣味も何もかも違う人たちと、どうにかしてじょうずにつき合っていかねばならないのだ。

社会人として礼儀正しく節度をもった、穏《おだ》やかなつき合いを心がければよいのである。

1 先輩とのつき合い方

先輩社員はあなたと年齢も近く、親しみやすく頼りがいのある存在だろう。それだけに慣れてくると、つい敬語を忘れタメ口をきいてしまいがちだ。だが先輩はあくまで先輩。

後輩からタメ口をきかれるのは不愉快極まりない。いくら気さくな先輩でも、ここは会社であり、相手は会社の先輩だということを常に意識して、節度ある態度を貫《つらぬ》こう。

また自分のミスを後輩であるキミのせいにしたり、あなたがうっかり漏《も》らしたプライベートなことや上司の悪口などをべらべらとしゃべってしまうような信用できない先輩には気をつけろ。

2 上司とのつき合い方

いくら気さくな上司であっても**上司と部下というけじめを忘れない**こと。また上司であるという地位を利用して体をさわったり、退社後のつき合いを強要したり、あるいは恋人がいるのかなどプライバシーに関わる質問をしたりするのは、あきらかにセクハラだ。

上司に対して礼儀正しく接することと、人間として自分の尊厳《そんげん》を守ることとは別のこと。上司だからと我慢して言いなりになることはまったくないのだ。嫌なことはいやだとはっきり断り、毅然《きぜん》とした態度をとろう。

3 同僚《どうりょう》とのつき合い方

同期入社の仲間には格別の親しみがあるだろうが、だからといって学生時代の友人と同じように考えてはＮＧ。

あなたたちは会社の一員であり、同僚は仲間であるとともにライバルでもあるのだ。会社への不満や上司の悪口など社内でおおっぴらに話せないようなことは、たとえ同僚でも決して打ち明けてはならない。どこから秘密が漏れるかわからないし、将来その同僚が出世してあなたの上司にでもなったらどうする？

同僚とは一定の距離を置いてつき合うのがコツだ。

4 女性社員とのつき合い方

親しくしすぎてあらぬ噂を立てられても困るし、そっけなくして女性社員の反感を買うのも厄介《やっかい》だ。やはり礼儀正しく穏やかに接するのが一番だろう。

気をつけたいのが短大や高校卒の女性社員への対応。あなたが4大卒の場合、年下であっても入社年は先輩の場合がある。相手が年下だからとぞんざいな態度をとらず、先輩として敬意をもって接しよう。

また男女交際は慎重を期すべし。会社によっては社内恋愛を禁止しているところもあるし、そうでなくても周囲への配慮などが難しい。別れたあとも気まずいぞ。とくに、つき合っていることを周囲に吹聴《ふいちょう》するような相手とは交際しない方が無難。思わぬトラブルに巻き込まれる恐れもある。

また、**上司や会社の悪口は女性社員には決して言ってはならない**。何気ない噂話で社内に広まる恐れがあるからだ。

5 クライアントとのつき合い方

社内の先輩や上司にもまして、**決してタメ口を使ってはならない**のが取引先やお客様。自分とは身分が違うエライ人なのだ、という意識を忘れてはならない。その上で、相手と自分との接点を何か見つけると心強いだろう。たとえば出身地や出身校、趣味など、仕事には直接関係ないことの方がよい。

共通の話題で会話ができれば相手も心を開いてくれるし、ひいては仕事の話も進むだろう。それがきっかけで新たな仕事を受注できる可能性もあるぞ！

6 会社の役職を知ろう

会社には多くの役職があり、それらが整然とピラミッド状に並んでいる。

この役職はどのくらいの高さにあるのか、これとあれではどちらがエライのか等々、会社に勤める以上常識として知っておきたい。

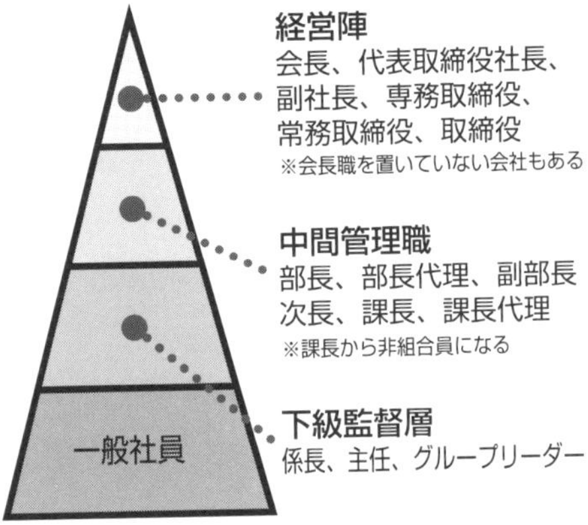
経営陣
会長、代表取締役社長、
副社長、専務取締役、
常務取締役、取締役
※会長職を置いていない会社もある
中間管理職
部長、部長代理、副部長
次長、課長、課長代理
※課長から非組合員になる
下級監督層
係長、主任、グループリーダー
一般社員

緊急時の対応7の法則

思いがけない事態はいきなり起こる。それはあなたのミスが引き起こしたものかもしれないし、あなたには責任のない天災かもしれない。

いずれにせよ、起こった結果についてはあなたが適切な対応をしなければならない。予想外の緊急時にこそ、その人の力量や性格が表われる。

1 書類を電車・タクシーに置き忘れた

電車の場合、気づいた時点で直ちに駅員に連絡し、回収方法を教えてもらおう。行ったばかりの電車なら次の駅に連絡してもらうだけで大丈夫という場合もある。

タクシーの場合も直ちにタクシー会社に連絡し、どのタクシーに何時ごろ乗ったか、何を置き忘れたかを連絡する。そのためにもタクシーを利用する際は、レシートをもらう習慣をつけておくとよい。

電車の場合もタクシーの場合も、該当の交通機関に連絡した後は、すぐに会社に連絡し報告、相談すること。こうした事態に備え、**書類などコピーが可能なものは必ずコピーをとっておく**と安心だ。

2 会社の車で事故を起こした

会社の車で事故を起こしたら、**まずは会社へ報告する**。事故状況や被害を伝えるとともに、事故によって中断もしくは遅刻することになる仕事への対処をお願いしよう。

些細《ささい》な事故でも必ず警察に連絡すること。勝手に示談《じだん》にしてしまうと、あとあと保険金が出ないなど面倒な問題が起こる可能性もあるからだ。

会社の車は会社の財産で、あなたの私有物ではない。

3 商談前日に高熱が出た

会社にいる時間に気分が悪くなり高熱が出たら、上司に相談しよう。前日の帰宅後に熱が出て翌日になっても下がらなかった場合も、まずは会社に連絡する。朝早い時間なら上司の携帯電話か、自宅に電話をかけて相談する。

容態や病気の種類、商談の性格にもよるが、一人で商談に臨《のぞ》むわけではなく、上司や先輩が同席する予定だろう。となれば上司や先輩は、あなたは休んで病気の処置をした方がよいと判断してくれるはずだ。

無理をして商談に出て、商談の場で倒れでもしたら商談は台なし、取引相手にも失礼だ。くれぐれも自分一人で判断しないように。また、大事な場面で体調を崩さないよう、日頃から健康管理には十分気をつけよう。

4 事故で車や電車が動かない

取引先に向かう途中、事故などで電車や車が動かなくなってしまったら、**直ちに携帯電話で相手に連絡を入れよう**。携帯電話を持っていなかったり通話できない場所だったら、車から降りて、電車なら次の駅に着いた時点でホームに降りて公衆電話に駆けつけよう。

事情を説明し、何時くらいになら到着できるかを簡潔に伝えよう。事故はあなたのせいではないけれど、遅れることに関してとにかく謝ること。

事故のようすを見てまもなく動くようならそのまま待つし、時間がかかるようなら他の交通手段で目的地に急ごう。慌《あわ》てないためにも、大事な待ち合わせの際は時間に余裕を見て出発することも大切だ。

5 会社のお金を落としてしまった

金額を問わず、落とした人が弁償することになる。ただし高額であれば上司や経理と相談した上で、分割にしてもらうしかないだろう。誠心誠意、相談してみよう。

6 飲んでいたらケンカになった

プライベートな時間であれ会社の飲み会であれ、ケンカはしないこと。酔った状態でのケンカはエスカレートする危険も多く、もし事件にでもなったら、新聞やテレビでも報道されてしまう。

そうなればあなたの氏名はもちろん会社名まで公になる恐れもあり、会社にとっては大迷惑だ。もう社会人なのだから酒は楽しく飲みたいもの。

もし万が一、どうしてもケンカをしなければならない事態が生じたら、会社を辞める覚悟でやるべし！

7 急に身内に不幸があった

親戚に不幸があったとの突然の知らせ。通夜は明日、葬式はあさってだが、明日もあさってもやるべき仕事がある。こんな場合、とにかく上司に相談しよう。

仕事よりも弔事《ちょうじ》を優先しろと言ってくれるだろう。

冠婚葬祭は社会人ともなれば避けられないので、ほとんどの会社には慶弔《けいちょう》休暇制度などが備わっているし、上司の理解も得やすいはずだ。

嘘《うそ》をついて勝手に会社を休んだり、一人で勝手に判断して葬式より仕事を優先させるのは、社会人としてＮＧだ。

円満退社するための4の法則

アルバイトと違って正社員ともなれば、退職するにもマナーがある。いきなり「今日で辞めます」では社会では通らないのだ。

1 退職の手続き

法律的には、労働者は最低２週間前に退職を申し入れれば退職ができることになっている。ただし会社の事情や慣習によって異なることもある。

一般には**最低１カ月前には退職の申し入れをする**のがマナーだ。あまりに早すぎるのも遅すぎるのもよくない。

2 退職願、辞表の正しい書き方

退職する理由や日にちについて文書にしたものが辞表や退職願、退職届と呼ばれるもの。白無地の便箋に黒の万年筆で縦書きにするのが一般的だ。

まずタイトルを書いて、次の行に「私儀」を謙遜《けんそん》していちばん下に書く。理由は本当は何であれ「一身上の都合」とするのが通例。「退職願」の場合は「退職をさせてください」とお願いする形にし、「退職届」なら「退職しますのでお届けします」と連絡する形にする。どちらにするかは会社の慣習や事情によって判断しよう。

提出日付は上司に提出する日にちを書き、宛名は社長宛てにするのが決まりごとだ。署名には捺印《なついん》も忘れずに。

退職届の例

a 退職届

b 私儀

c このたび一身上の都合により○月○日をもちまして
退職したいと思いますので、ここにお届け申しあげます。

d 平成××年×月×日

e ○○部○○課
×村×男 ㊞

f 株式会社△△工業
代表取締役社長 △山△△郎殿

退職願の例

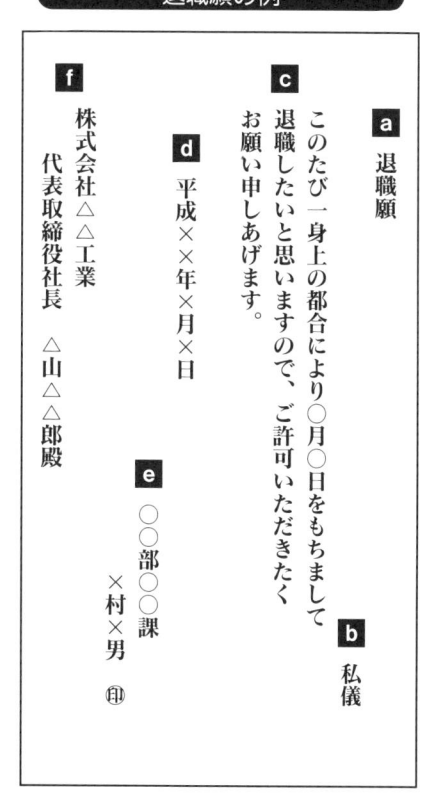

a 退職願

b 私儀

c このたび一身上の都合により○月○日をもちまして
退職したいと思いますので、ご許可いただきたく
お願い申しあげます。

d 平成××年×月×日

e ○○部○○課
×村×男 ㊞

f 株式会社△△工業
代表取締役社長 △山△△郎殿

a タイトル
「退職願」または「退職届」と入れる

b 私　儀
「私儀」とは「私こと」の意味で謙遜の気持ちを込めて一番下に書くのが決まり

c 本　文
退職の理由は詳細を書く必要はなく、「一身上の都合」でよい。また、退職の期日を必ず記入する

d 提出年月日
上司に提出する日を記入する

e 署　名
部署名と捺印を忘れずに

f 宛　名
社長宛にするのが決まり

3 仕事の引継ぎ

あなたが退職したあと会社の仕事に支障がないよう、仕事の引継ぎをする必要がある。

取引先の担当者は誰か、どこまで進んでいて何が問題となっているか等々について、あとを引き継ぐ人がわかりやすいよう文書にまとめておこう。

また取引先や顧客など社外の関係者に対しても、自分が退職することや今までのお礼、あとを引き継ぐ人間の名前などをきちんと伝えてから退職するのがマナーだ。

4 会社に返すもの、会社から受け取るもの

退職する日、会社に返すものは次のとおり。会社の鍵、社員証、社員バッジ、健康保険証、業務に関わる書類やフロッピーディスク、会社から支給された文房具や事務用品など。

逆に、会社から受け取っておかねばならないものは次のとおり。雇用保険被保険者証、源泉徴収票、年金手帳、離職票などだが、発行にある程度時間のかかる場合もある。

受け取るもの

- 雇用保険被保険者証
- 源泉徴収票
- 年金手帳
- 離職票

返却するもの

- 会社の鍵
- 社員証
- 社員バッジ
- 健康保険証
- 書類、データ
- 文房具、事務用品

おつき合いとマナー編

結婚式のご祝儀の相場、祝儀袋の選び方と使い分け
香典の目安と葬儀の服装
食事中の会話で、気をつけること
知らないと困る！　和室の席次と美しい食べ方
ワインのティスティングとナイフやフォークの正しい使い方
スマートな会計の仕方
立食パーティーのマナーとお酌の仕方
お中元・お歳暮のマナーとタイミング
手紙・ハガキの基本文例と宛名の書き方

結婚式13の法則

結婚披露宴は社会人がいちばん最初に直面する「あらたまった席」といえそうだ。せっかくのおめでたい席に招待されたのだから、適切なマナーをもって和やかに披露宴を盛り立ててあげよう。

最後の別れの挨拶《あいさつ》には……
しっかりやれよ

1 招待状の返事はどうするの？

招待状が届いたら、よほどの事情が急に起きたのでないかぎり「出席」の返事を出すのが普通だ。

返事は1週間以内に出すのがマナー。

返信ハガキを出す際は、表面に印刷してある宛先の**「行」を消して「様」と書き添える**、裏面の「御出席」「御住所」の**「御」**、「御芳名」の**「御芳」**を消して、**「出席」をマル囲み**してから自分の住所や名前を書き入れる。

余白に「おめでとうございます。ぜひ出席させていただきます」などと書き添えよう。

出席の場合

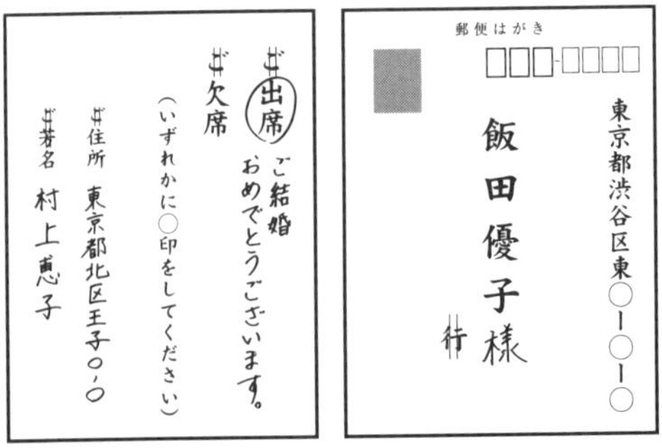
御出席
ご結婚
おめでとうございます。
御欠席
（いずれかに○印をしてください）
御住所　東京都北区王子○-○
御芳名　村上恵子
郵便はがき
□□□-□□□□
東京都渋谷区東○-○-○
飯田優子
行
様

欠席しなければならないときは、**「欠席」にマル**をして、お祝いの言葉とともに欠席理由とお詫びを書き入れる。

「おめでとうございます。せっかくのご招待ですが当日は急な長期出張が決まってしまい出席できず残念です。お二人のお幸せをお祈り申し上げます」というふうに心を込めて書こう。

理由が弔事や言いにくい個人的用事の場合は「やむを得ない所用で」と表現するのがマナーだ。

式当日に祝電が届くよう手配しておこう。

欠席の場合

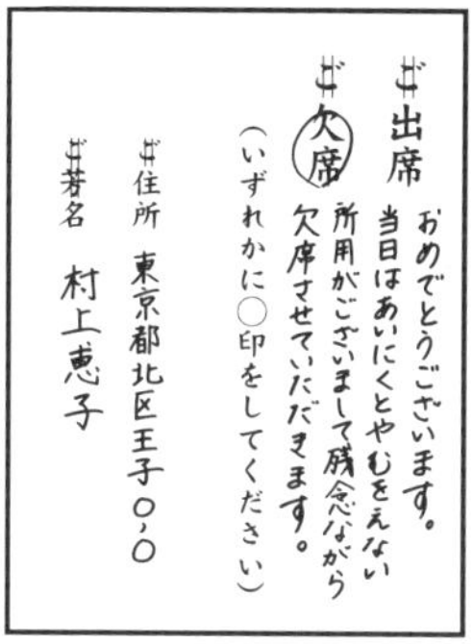
~~ご~~出席
~~ご~~欠席
おめでとうございます。
当日はあいにくとやむをえない
所用がございまして残念ながら
欠席させていただきます。
（いずれかに○印をしてください）
~~ご~~住所　東京都北区王子○-○
~~ご~~芳名　村上恵子

2 祝電の打ち方

どうしても披露宴に出席できない場合は祝電を打とう。電報は局番なしの「１１５」番で受け付けている。祝電は１カ月前から受け付けており、さまざまな台紙や文例、サービスもあるので問い合わせてみよう。

最近では披露宴を行なわず教会などで式だけを行なうカップルも多いが、その場合教会へ祝電を送っても祝電披露などはしてもらえないので、カップルの自宅へ送ったほうがよいだろう。

3 お祝いの品物やお金を贈るときは？

披露宴に出席できない場合は、お祝いは品物でもお金でもどちらでも構わない。両方贈るのももちろんＯＫだ。

品物でもお金でも式の10日前までに前もって届けるのが礼儀だ。お金は現金書留封筒に祝儀袋を入れお祝いの言葉を添えて書留で郵送しても構わない。親しい間柄なら挙式後新居に落ち着いてから、相手の希望を聞いて、ほしい品物を贈ってもよいだろう。

かつては刃物や陶器など「切れる」、「壊れる」などを連想させるものは縁起が悪いとタブー視されていたが、最近はあまりこだわらないようだ。この場合、「幸せな人生を切り開いてください」などひと言添えたほうがよいだろう。

4 ご祝儀の相場はいくらくらい？

友人の披露宴に出席した場合は２～３万円、出席しない場合は１万円程度が一般的だ。これは披露宴で出される料理のおよその金額というのが根拠のようだ。

金額については別表も参考にしてほしい。気をつけたいのは結婚祝を含むお祝いごとには奇数のお札を包むのがマナーだということ。ただし８は末広がりで縁起がよいため許される。**４（死）や奇数でも９（苦）は絶対NGだ。**

友人の披露宴に招待された場合本来なら３万円が適切なのだが、経済的理由から最近では２万円にかぎって偶数でもとくに構わないようだ。その場合でもせめて枚数が奇数になるように、1万円札1枚と５千円札２枚にするとよいだろう。

グループで贈る場合などは、端数が出たらその分を品物にして贈るという手もある。いずれの場合も皺《しわ》ひとつない新札を入れるのがマナー。

結婚祝いの目安

披露宴に出席した場合　（単位：円）贈り先

※資料＝UFJ銀行調べ

贈り先	全体	20代	30代	40代	50歳以上
友人・知人	20,000	20,000	20,000	30,000	30,000
勤務先の同僚	20,000	20,000	30,000	30,000	20,000
勤務先の部下	30,000	20,000	30,000	30,000	30,000
兄弟・姉妹	100,000	100,000	200,000	*	*
いとこ	30,000	20,000 30,000	30,000	30,000	*
甥・姪	50,000	*	50,000	50,000	50,000

披露宴に出席しなかった場合（単位：円）

※資料＝UFJ銀行調べ

贈り先	全体	20代	30代	40代	50歳以上
友人・知人	10,000	5,000	10,000	10,000	10,000
勤務先の同僚	5,000	20,000	5,000	3,000	10,000
勤務先の部下	5,000 10,000	*	5,000 10,000	5,000	10,000
親類	10,000	10,000	10,000	30,000	20,000

※これはあくまで参考です。地方によって金額は異なるので注意したい。

5 祝儀袋の選び方と使い分け

結婚祝に使う祝儀袋は水引が結びきりのものでなくてはならない。また中に入れる金額に応じた装飾のものを選ぼう。装飾が豪華であればあるほど金額も大きくなければ釣り合わずみっともないからだ。

市販の祝儀袋にはパッケージに用途とその祝儀袋に応じた金額の目安が記されているので、それを参考にするとまず間違いはないだろう。

祝儀袋の表には水引の下に自分の名前を書く。毛筆か筆ペン、筆に自信がなければ太目のサインペンでも可。中央に濃くはっきりとていねいな楷書で書こう。

複数で贈る場合、**連名は3名まで**。右側から年長者の名前を書く。4名以上なら代表者の名前を中央に書きその左側に「外一同」と書いて、中袋に全員の名前を書くか別紙に書いて同封する。

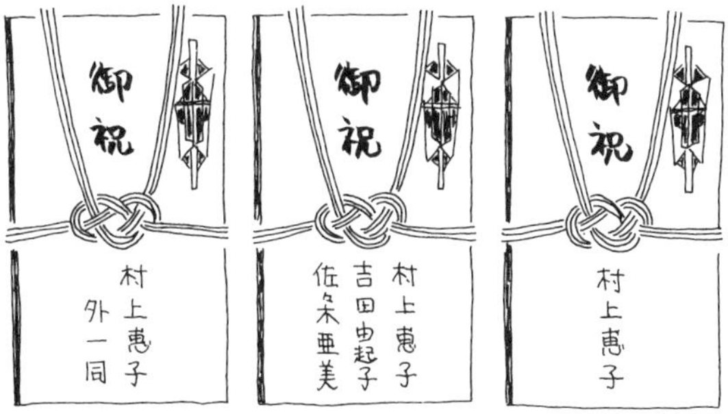

4名以上の場合　3名の場合　個人の場合

祝儀袋の中袋には表側に金額、裏側に住所・名前を書く。結婚祝の場合、もらう側は招待客の住所をすでに知っているはずなので、住所は省略しても構わない(葬儀の場合は省略しない)。金額は「金参萬圓《さんまんえん》也」といった漢字にするのが正式だが、「金参万円《さんまんえん》也」でも構わない。

祝儀袋の包み方だが、市販の袋なら中袋を入れて元どおりに折っていけばよい。ただし裏側の上下の折り返しには要注意。下側の折り返しが上になるよう重ねなければならない。そして祝儀袋はむき出しではなく、袱紗《ふくさ》に包んで持っていこう。

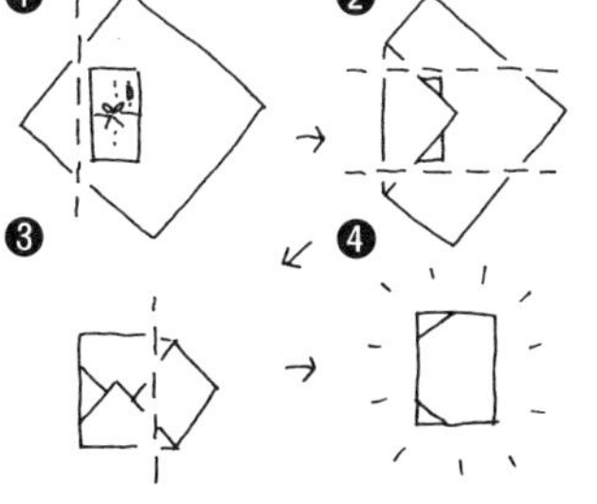

袱紗の包み方

正方形の袱紗を角が上下左右になるように置いて、左、下、上、右の順に折って祝儀袋を包めばよい。折る手間のいらない袋タイプの袱紗も市販されている。

袱紗を持っていなければ小風呂敷やハンカチなどで包んでいこう。くれぐれもむき出しは避けること。

6 服装のTPOを教えて

- **男性は昼はモーニング、夜はタキシード**
- **友人、同僚なら略礼装でＯＫ**
- **女性は白いものを着ないよう注意**
- **殺生をイメージするものはＮＧ**

正式な挙式や披露宴では男性の場合、礼装が本来の服装。昼ならモーニング、夜はタキシードだ。

友人や同僚という立場なら、紺やグレイ系のダークスーツに白いワイシャツ、白やシルバーグレイのネクタイといったいわゆる略礼装《りゃくれいそう》で十分だ。

女性の場合は白いものを着ないよう気をつけること。花嫁のウエディングドレスの色だからだ。洋服なら、肌をあまり露出しないワンピースやツーピース。アクセサリーで華やかに装うとよいだろう。

また、ハンドバッグや靴など革製品で、ワニやヘビなど生きていたときの模様がそのまま残っているようなものは殺生《せっしょう》を連想させるのでＮＧだ。

和服の場合、未婚女性なら振袖か訪問着を。いずれにせよ女性はあまり派手にならないようにしつつ、上品でしかも華やかな服装を心がけよう。

招待状に「平服でお越しください」とあっても、くれぐれもジーンズなどで行かないように！

7 当日のマナー

遅刻は厳禁。開始時刻の遅くとも15分前には到着していること。

コートや手荷物はクロークに預け、貴重品と、女性なら小さなバッグだけ持って会場に。

更衣室で着替えをする予定の女性は、その時間も考慮に入れて早めに着いておこう。

受付に行く前にトイレへ行って用を済ませるとともに身だしなみをチェックしておくとよい。

8 受付でのマナー

受付では「本日はおめでとうございます。新郎の同僚の○○です」とお祝いの言葉をかけて芳名帳に記帳してから、受付の人に正面を向けて祝儀袋を両手で手渡す。

自分の友人が受付係をしていてもきちんとあいさつをし、世間話などせず用が済んだら速やかに離れよう。

9 遅刻したらどうやって入場すればよい？

すでに式や披露宴が始まっている会場へ、勝手に入るのは絶対にＮＧ。

式場の係員に声をかければ、タイミングのいいところで席に案内してくれる。進行の迷惑にならないよう目立たないように席につくべし。

受付がもうなくなっていて祝儀袋を渡せなかったら、披露宴が終わってから新郎か新婦の母親に渡そう。

また、どうしても遅刻してしまうことが事前にわかっているならば、前もって式場に連絡しておけば入り口に近い場所に席を用意してもらえる場合もある。

10 披露宴の間、バッグはどこに置けばよい？

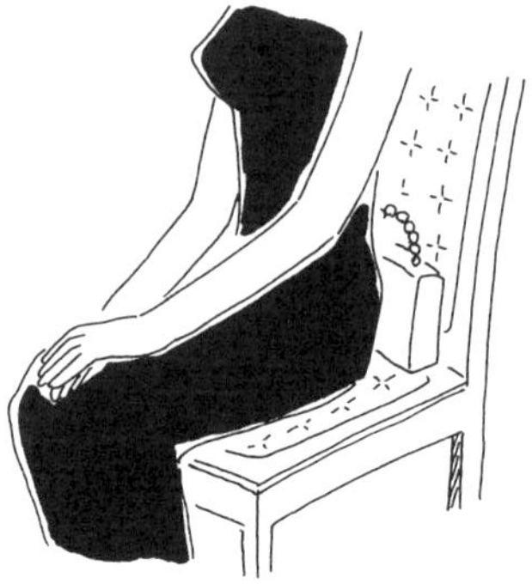

女性であっても披露宴に持って入るのは、ハンカチや財布などが入る程度の小さなバッグのみ。

自分の椅子の背もたれと背中の間に置いておこう。

椅子の背に掛けるのは、料理をサービスする係員の邪魔になるので避けよう。

11 中座するときのタイミングは？

トイレなどにちょっと中座したい場合、主賓あいさつまでは我慢しよう。

食事がある程度進んだころ、スピーチの切れ目やお色直しのときなどタイミングを見計らって静かに出る。

その際、同席の人に軽く会釈し、使っていたナプキンをテーブルの端に置いておく。

12 早退するときは？

やむを得ない事情で途中で退席しなければならない場合は、事前に新郎新婦に伝えておき、時間が来たら目立たないようにそっと立って退席する。

事前に新郎新婦に伝えておけば会場側も了解しているはずだが、料理をサービスする係員にはひと言その旨を伝えておくとなおよいだろう。

13 当日のキャンセルは？

時間が迫っていて新郎新婦と連絡がとれなかったら、会場の担当者か同じく招待されている友人に連絡して伝えてもらう。

事故や急病、弔事などおめでたくない理由なら「やむを得ない事情」と言っておくのがマナーだ。

葬式16の法則

　葬式はもっとも形式やマナーが重んじられる場といってもいいだろう。ゆえに葬式でマナー違反をするのは、遺族に対してばかりでなく死者に対しても非常に失礼なことだ。
　最低限の基本的なマナーは頭に入れて葬式に臨みたいものだ。

1 とりあえず駆けつける

　親しい間柄の友人や会社の同僚、直接の上司が亡くなった場合、勤務中に知らせを聞いたら上司に相談すること。休日であればとりあえず駆けつける。
　先方も突然の不幸に戸惑い慌しくしているので、玄関先でお悔《く》やみを述べるだけでよい。先方にすすめられた場合のみ、家の中へ入ったり故人と対面したりがゆるされる。
　とりあえず駆けつける場合は服装は地味な平服で。会社帰りならそのままで構わない。女性の場合、アクセサリーははずしていくこと。また、とりあえず駆けつける際には**香典は持っていかないのがマナー**だ。

2 弔電の打ち方

電報は局番なしの「115」番で受け付けている。弔電を打つ場合、葬儀や告別式の前日までに喪家宛てに打つのが一般的。宛名は喪主《もしゅ》にする。

喪主がわからない場合は、故人の名前とともに「ご遺族様」とすればよい。

申し込むときに弔電であることを伝えれば、適切な台紙が使われる。文例もいくつかあり、また値段は文字数などによって異なる。

3 通夜って何？

通夜とは、葬儀の前夜に行なわれる儀式。近親者や故人と親しい人が集まって、故人の霊をなぐさめ、最後の別れを惜しむものだ。

かつては文字どおり夜を徹して行なわれたが、現在は夜10時ごろまでに終わる半通夜が一般的。

通夜では遺族や世話役が席に着いたあと、弔問客が故人との関係が深い順に席に着く。そして僧侶による読経、遺族や弔問客の焼香が行なわれたあと、喪主があいさつし、弔問客に食事や茶菓などをふるまう通夜ぶるまいが行なわれる。

4 葬儀と告別式

葬儀は故人を無事に成仏させるために遺族や親族、親しい友人が行なう儀式。告別式は故人に別れを告げる儀式で、通夜や葬儀より広い範囲の友人・知人も参列する。

現在では葬儀と告別式はひと続きに行なわれるのが一般的。葬儀では遺族や参列者が席に着いたあと僧侶が入場し、司会者の開式の辞に続いて読経が行なわれる。

そのあと弔辞、弔電披露があり、遺族や近親者、親しい友人たちによる焼香が行なわれ、司会者の閉式の辞でしめくくられる。

続いて告別式の開式の辞があり、葬儀で焼香しなかった参列者が焼香する。

そのあと僧侶が退場し、司会者が閉式の辞を述べて終了する。

5 香典の目安

20歳代なら、祖父母やおじ・おばといった親族で１万円、友人や同僚など身内以外で3000円〜5000円が目安。別表はあくまでも基本的な金額になる。香典が他の人よりも多ければよいが、他の人たちよりも少ないと恥をかくことになる。香典は地方によって異なるため、あらかじめ親しい人に聞いておくとよいだろう。

例えば関東では１万円包めば大丈夫なのに関西では３万円が普通だったりする。故人より自分のほうが目上なら多め、目下なら少なめにするのが一般的だ。

偶数、とりわけ**４（死）と９（苦）は避ける**。不祝儀の場合、新札のお札を入れてはいけない。新札しかなければ一度折り目をつけてから袋に入れる。入れる際は、お札の裏が袋の表側に向くように入れること。

また、社葬の場合は香典をあらかじめ断っている場合があるので注意したい。社葬で香典を必要とするときはあなたは心配することはない。会社と会社のつき合いなのだから香典は経理課から出るからだ。先輩や上司のあとをついていけば良い。

〈香典の目安〉

(単位：円)

※資料＝UFJ銀行調べ

贈り先	全体	20代	30代	40代	50歳以上
友人・知人	5,000	5,000	5,000	5,000	10,000
勤務先の同僚	5,000	5,000	3,000	5,000	5,000
勤務先社員の家族	5,000	3,000	3,000	5,000	5,000
隣近所	5,000	3,000	5,000	5,000	5,000
祖父母	10,000	10,000	10,000	*	*
両親	100,000	*	50,000 100,000	100,000	100,000
きょうだい	50,000	*	*	50,000	50,000
おじ・おば	10,000	10,000	20,000	10,000	10,000
その他の親類	10,000	10,000	10,000	10,000	10,000

※これはあくまで参考です。地方によって金額は異なるので注意したい。

6 不祝儀袋

表書きが**「御霊前《ごれいぜん》」**となっている不祝儀袋は、**亡くなって7日以内**まで。**「御香典」「御香料」**は**四十九日**まで、**それ以降は「御仏前《ごぶつぜん》」**の表書きを。

つまり通夜や告別式に「御仏前」と書かれた袋を持っていくのはＮＧということだ。亡くなったのを後日知って日取りがよくわからない場合は「御香料」が無難だ。以上は仏式葬儀の場合のこと。

葬儀がキリスト教式なら「御花料」または「御霊前」、神式なら「御玉串料」「御神前」、「御霊前」など。

不祝儀袋の水引は二度と起こらないよう結びきりにする。白無地に「御霊前」の表書きがあり、水引が黒白か銀色のものならどの宗教でも使える。

また、不祝儀袋は名前だけでなく住所をきちんと記すこと。名前だけだと遺族には住所がわからない場合があるからだ。電話番号も書いておくと遺族が名簿整理をする際に役立つ。

水引の下に名前、中袋に金額、住所、名前を書くが、このとき薄墨を使うのがマナー。不祝儀用に薄墨の筆ペンも市販されている。

不祝儀袋の包み方だが、市販の袋なら中袋を入れて元どおりに折っていけばよい。ただし裏側の上下の折り返しには要注意。上側の折り返しが下になるよう重ねなければならない。祝儀袋と逆になることを覚えておこう。袱紗《ふくさ》の包み方も逆になる。

正方形の袱紗を角が上下左右になるように置いて、右、下、上、左の順に折って祝儀袋を包めばよい。折る手間のいらない袋タイプの袱紗も市販されている。

袱紗を持っていなければ小風呂敷やハンカチなどで包んでいこう。くれぐれもむき出しは避けること。

やむを得ない事情で葬儀に出席できない場合は香典を郵送しても構わない。その場合は不祝儀袋に入れ、現金書留にする。白無地の便箋と封筒にお悔やみの手紙を書いて、同封するのがマナー。

7 服装のTPOを教えて

通夜は男性なら紺かグレー系のダークスーツに白いワイシャツ、地味なネクタイ。女性なら地味な無地のスーツかワンピースといったいわゆる略喪服で。**葬儀・告別式までは正式な喪服は着ていかないのがマナー**。

葬儀・告別には正式な喪服、いわゆるブラックフォーマルを着用する。

仕事中のビジネスマンや若い独身男性ならダークスーツでもゆるされるが、ネクタイ、靴下、靴は黒にすること。

女性の喪服は真夏以外は長袖が正式。バッグや靴は黒で金具や飾りのついていないシンプルなもので、できれば布製が望ましいが、なければ光沢のない革製品でも構わない。

ハンカチは白い無地のもの、指輪は結婚指輪のみ。真珠のネックレスは一連のものならゆるされる。二連のものは不幸が重なることを連想させるのでタブーだ。

長い髪はまとめ、リボンを使うなら黒にする。メイクは控えめにし、マニキュア、香水はしない方が無難だ。

また、あれば数珠を持参する（なければ持参しなくても失礼にはあたらない）。

8 受付での作法

コート類は脱いでから受付へ行く。一礼して手短にお悔やみのあいさつをしてから、香典の袱紗を外し、袱紗の上に不祝儀袋をのせて両手で差し出す。

そのあとで自分の住所氏名を記帳する。上司などの代理で出席した場合は、上司の名前を書いて左脇に「代」を添える（自分の名前は書かない）。

すでに通夜で香典を渡している場合は、受付であいさつをして記帳すればよい。

9 通夜のマナー

焼香する前に遺族にお悔やみを言っても構わない。ただしお悔やみのあいさつ程度にとどめ、**死因や病気の経過などを尋ねない**ようにする。親しい間柄でなければ焼香が終わったら長居をせず辞去する。

通夜ぶるまいを勧められたらひと口でも箸をつけるのが礼儀。長くても30分ほどで失礼しよう。

10 葬儀・告別式参列のマナー

開始時間より少し早めに到着しておこう。受付を済ませたら式場内へ。

葬儀や告別式では遺族席までわざわざ行ってあいさつをするのは失礼になる。焼香の際に会釈する程度にしよう。

故人とそれほど親しい間柄でなければ、焼香を済ませたら辞去しても構わない。その場合、遺族や他の参列者にことさらにあいさつはせず、目立たないように静かに辞去する。

11 お悔やみの言葉

お悔やみの言葉は型どおりのものを短く言う方がよい。ただし心を込めて誠実に言おう。

一般的には「このたびはまことにご愁傷様《しゅうしょうさま》でした。心よりお悔やみ申し上げます」といった言葉がよく使われる。そして頭を深くていねいに下げよう。

急死の場合は「突然のことで驚くばかりです」、高齢者の場合は「もっとお元気でいてほしかったのですが……」といった言葉を加えても構わない。だらだらとお悔やみを述べるのはＮＧ。

また、不幸が重なることを連想させるような「かさねがさね」「またまた」、大げさな「とんだことに」などは避けるべし。

12 焼香の仕方

- ■立礼での焼香の仕方
- ■座礼での焼香の仕方
- ■回し焼香の仕方
- ■線香での焼香の仕方

仏式では参列者が順に焼香をする。これは粉にした香（抹香）をつまんで香炉に落として焼く儀式だ。

つまむのは右手の親指、人差し指、中指の指先。つまんだら、いったん目の高さまでささげてから香炉へ落とす。指先を静かにすり合わせるとよい。つまんだ抹香を３度に分けて香炉に落とすのが正式だが、参列者が多いときなどは1回で落としても構わない。

焼香にはいくつかのやり方がある。まず立って行なう立礼の場合（P.132参照)。自分の番が来たら次の人に会釈してから祭壇の前へ進み、遺族と僧侶に一礼し、遺影に一礼して合掌する。抹香をつまんで香炉に落としたら、再び合掌して深く一礼し、そのまま向きを変えずに後ろへ１、２歩下がってから遺族と僧侶に一礼し、向きを変えて席に戻る。

座って行なう座礼の場合（P.132参照)。次の人に会釈してから祭壇の方へ進む。自分の席から遠ければ立って歩いても構わないが、近ければ座ったまま両手を支えに膝でにじり寄る。祭壇の少し前で遺族と僧侶に座った状態（立って移動した場合はこのときに座る）で一礼し、祭壇前までにじり寄る。そして遺影に一礼してから、祭壇前の座布団に座って合掌。抹香をつまみ香炉に落としたら、再び合掌して一礼。そのまま向きを変えずに座布団からにじり下り、遺族と僧侶に一礼して席に戻る。

回し焼香の場合（P.133参照)。香炉が自分のところに回ってきたら、次の人に会釈して、香炉を前に置いてから祭壇に一礼する。抹香をつまみ香炉に落としたら、合掌し一礼して、香炉を次の人に回す。

線香の場合（P.133参照)。立礼、座礼の場合があるが上記にあるように祭壇の前まで進み、遺影に一礼する。右手で線香を１本取り、ロウソクの炎で火をつけ、線香の炎を手であおいで消す。このとき**口で吹き消すのは絶対にNG**。そのあと線香を香鉢に立てる。宗派によっては二つ折りにして寝かせる場合もある。合掌し、一礼して席に戻る。

仏式

座礼での焼香

1 次の人に会釈をしたら祭壇の方へ進む。祭壇に近ければ座ったままにじり寄る

2 祭壇の少し手前で遺族と僧侶に一礼し、祭壇の前ににじり寄る

3 遺影に一礼してから座布団に座って合掌

4 抹香をつまんで香炉に落として再び合掌して一礼する

5 前向きのまま座布団からにじり下がり、遺族と僧侶に一礼して席へ戻る

立礼での焼香

1 次の人に会釈してから祭壇の前へ。遺族と僧侶に一礼した後、遺影に一礼し、合掌

2 親指、人さし指、中指の3本で抹香をつまみ、いったん目の高さにささげる

3 香炉の中に抹香を静かに落とす

4 再び合掌して深く一礼する

5 そのまま向きを変えずに1、2歩下がり、遺族と僧侶に一礼。向きを変えて静かに席に戻る

仏式

回し焼香

1 香炉が回ってきたら、次の人に会釈して香炉を前に置き、祭壇に一礼する

2 抹香をつまみ、いったん目の高さにささげてから香炉に落とす

3 合掌して一礼して、香炉を次の人に回す

線香での焼香

1 立礼、座礼の場合と同様に祭壇の前へ進み、遺影に一礼して線香を一本手に取り火をつける

2 線香の炎を片手であおいで消す

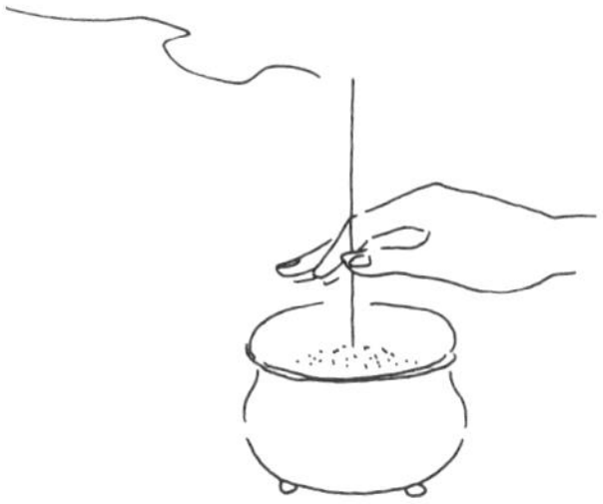

3 線香を香鉢に立てる
※宗派によっては二つ折りにして寝かせる場合もある

4 合掌し、一礼する。退くときも座礼、立礼同様にする

13 神式の玉串奉奠（たまぐしほうてん）の仕方

神式では玉串奉奠が仏式の焼香に相当する。これは榊《さかき》の小枝に紙片をつけた玉串を、神前にささげる儀式だ。

神官から玉串を受け取るときは、右手で上から根元を持ち、左手で下から葉を支えたまま祭壇の方へ進み、案（玉串を置く台）の２、３歩前で止まる。

玉串を目の高さまでささげて神前に一礼し、案の前まで進んだら、胸の前で玉串の根元を手前にくるよう回し、根元を左手に持ち替えて玉串を時計回りに回して、根元が案に向くようにする。

その状態で玉串を案に供え、**二礼・音をたてずに二拍手・一礼**をする。そのままの向きで２、３歩下がり、神官、遺族に一礼してから席に戻る。

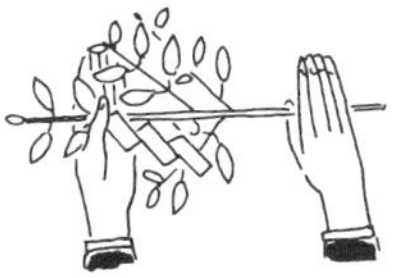

1 神官から玉串を受け取る。図のように持ち、祭壇の方へ進み案の前2、3歩手前で立ち止まる

2 玉串を目の高さまでささげて神前に一礼して案の前へ進み、胸の前で玉串の根元が手前にくるように回す

3 根元を左手に持ち替えて玉串を時計回りに回し、根元を案に向けて供える

4 二礼、音をたてずに二拍手、一礼する。そのまま2、3歩下がって神官、遺族に一礼して席に戻る

14 キリスト教の献花の仕方

右手を下から、左手を上から軽く添え、花が右側にくるように持つ。

献花台《けんかだい》に進んだら遺影に一礼し、花を時計回りに回して根元を祭壇に向け、左手の掌が上向きになるよう持ち替える。その状態で花をささげ、黙祷《もくとう》または一礼し、最後に神父または牧師、遺族に一礼する。

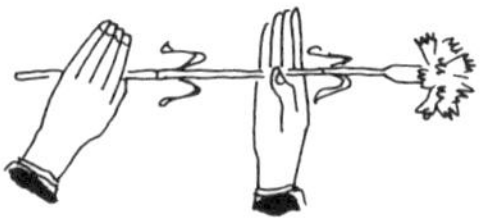

1 花を受け取り、右手を下から左手を上から図のように添えて持つ。花のついている方が右側にくるように

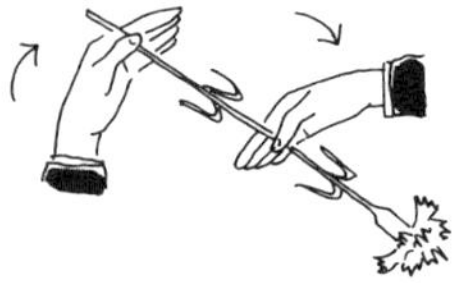

2 献花台に進み遺影に一礼。花を時計回りに回して根元を祭壇に向け、左手の掌が上向きになるように持ち替える

3 2の状態で献花台に花をささげて黙禱、もしくは一礼し、最後に神父または牧師、遺族に一礼して席に戻る

15 出棺から精進落としまでのマナー

出棺まで見送るのがマナー。その場合コート類は脱いだままの方がよい。遺族から依頼されたら火葬場まで見送ろう。

どうしても都合がわるい場合はていねいに断って、後日お参りに来させてもらうと言おう。

精進落としでは酒も出されるが、酔ったり大声でしゃべったりするのはＮＧ。

16 告別式でいただいた塩はどうするの？

列席者には小袋に入った清めの塩が渡される。

帰宅した際、玄関先（玄関に入らないこと）で家族にこの塩を肩から体にふりかけてもらい清めとする。

一人暮らしなら自分で自分にふっても構わない。

塩をふりかけなくても、何ら問題は生じないのだが、やはり気持ちの問題。塩は余らないように全部使いきること。

ボクの失敗談

お葬式と結婚式が重なってしまった！

お世話になった恩師が急に亡くなったという知らせ。葬儀・告別式の日は5日後だという。手帳を見るとなんとその日は後輩の結婚式だ。もちろん出席の返事はとっくに出してしまっている。おめでたい結婚式に出たいのはやまやまだが、お葬式は恩師との最後のお別れ。悲しんでいるであろう奥様の顔も思い浮かんだ。結局、結婚式はただちにキャンセルの連絡を入れ、恩師の葬儀を優先させた。あとで知ったんだけど、こういう場合はやはりお葬式の方を優先するのがマナーにもかなっているらしい。恩師に最後のお別れをしなかったら、きっとあとで後悔したと思うよ。

食事のマナー10の法則

社会人になるとあらたまった食事の機会が多くなる。特にビジネスでは接待など、さまざまな会食が増える。食事のマナーを知らず、相手に不快感を与えると、できない奴のレッテルを貼られることもある。また、女性に対する接し方のマナーも社会人として覚えておきたい。

1 10分前には到着しておこう

会食などあらたまった席や店で待ち合わせしている場合は、指定時間より少し早めに着いているようにしよう。遅刻をするのは社会人としてもってのほか。

時間に余裕をみて出かければ、万が一途中でトラブルがあっても、大慌てした上に遅刻したなどというリスクはかなり減る。

2 口紅や香水、オーデコロンは控えめに

料理を楽しむ上でも、また相手に不快な思いをさせないためにも香水やオーデコロンは控えめにして臨むのが常識。

他の料理店もそうだが、特に懐石料理や寿司店など生ものを使用するお店では、香水やオーデコロンが嗅覚をおかしくし（料理の味がわからなくなってしまう）、他のお客様にも迷惑をかけてしまう。生ものを扱う店に行くことがあらかじめわかっているのであれば、香水やオーデコロンは避けるのがマナーだ。

店に早めに着いたら、食事中席を立たずに済むようトイレへ行っておこう。その際、鏡を見て身だしなみも整えるべし。女性の場合は化粧直しを。ただしグラスにべったり口紅がつかないよう、口紅は控えめに。

ロングヘアの女性はヘアクリップでまとめるなど、髪が邪魔にならないような心遣いをしておきたい。

3 きれいな姿勢で食事するために、椅子には深く座ろう

テーブルと自分の体との間に握りこぶしが一つ入る程度まで、椅子を引き寄せて座る。

体とテーブルとが遠いとどうしても背中を丸め、口をテーブルに近づけて食べることになってしまうからだ。

せっかくのおいしい料理なんだから、背筋をぴんと伸ばした美しい姿勢で、気持ちよくいただこう。

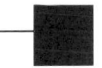

4 食事中の会話で、気をつけることは2点

大多数の人が承知していることだろうが、口の中に食べ物を入れたまましゃべらないこと。

会話だけに没頭しないこと。温かい料理は温かいうちに、冷たい料理は冷たいうちに食べるのがマナーだ。

作り手が最適の温度で出してくれた料理なのに、会話に夢中になっていつまでも手をつけないのは調理人に失礼だ。

会食では全員が食べ終わるまで次の料理に移ることができない場合もある。同席者の食べる速度にできるだけ合わせ、食事全体の流れを止めないためにも、会話に夢中になりすぎないよう注意しよう。

60年代のアメリカのポップアートが卒論のテーマでした

5 口がいっぱいなのに話しかけられたら？

口にまだ食べ物が入っているのに話しかけられてしまっても慌てないこと。とにかく噛《か》んで飲み込んでしまってから返事をしよう。

急いで返事をしようとして、口の中のものが飛び出してしまうほうがよほど失礼なのだから。

逆にこちらから同席者に話しかける場合は、相手が口にものを入れた直後は避けよう。また、食後に音をたててげっぷするのは厳禁だ。

6 ナイフやフォーク、箸を振り回さない

話に熱中するあまり、箸やナイフを持ったまま身ぶり手ぶりをしてしまうのも論外だ。

近くの人に当たったり食べカスが飛んだり、あるいは席の脇や後ろにいるサービスする人の邪魔になったりする。

やっている本人は無意識に振り回していることが多いので気をつけよう。

7 大声は雰囲気を損なうだけ

夢中で話をしているうちに声が大きくなってしまう人を時折見かける。

大人どうしの食事の席なのだから、落ち着いた静かな雰囲気を大事にしよう。和やかさと騒がしさとは別物なのだ。

遠くの席にいる人に用事がある場合でも、大声を出すのではなく、相手の席まで近づいて普通の声で話しかけよう。

店員さんに用があるときは視線を合わせて少し手を挙げれば、気がついて来てくれる。

8 食事中のタバコは控えよう

同席の人にひと言かけよう。これは常識だ

食事中にタバコを吸うのは控えたい。タバコの煙は料理の香りを台なしにしてしまう。同席者がタバコを吸わない人ならなおさらのこと。

日本料理ならご飯が、それ以外の料理ならデザートが済んでからなら吸っても構わないだろう。ただし**「吸ってもいいですか」**とひと言同席者に断ってからにしよう。

9 肘をついたり、足を組んだりするのはNG

どんな料理でもテーブルに肘をつくのはマナー違反
足を組むのもマナー違反。癖のある人は要注意

テーブルに肘をついて食べている人ってだらしないし、食事を楽しんでいるようにはとても見えない。

同様に足を組んでいるのも見苦しい。ちなみにこんな姿勢は消化にも悪いそうだ。

きちんとした姿勢で食べてこそ、自分も同席者も気持ちよく食事ができるはず。

10 困ったとき、わからないときはプロに任せる

箸やフォークを落としてしまった、飲み物をこぼしてしまったというときは、自分で慌てて処理せずに、落ち着いてサービスの人に任せよう。

視線を合わせて少し手を挙げればすぐに来てくれる。

料理の食べ方がわからないときなども、気軽にサービスの人に尋ねてみよう。

彼らは接客のプロなのだからていねいに教えてくれるはずだ。

えっとブルーポイントの
オイスターに
カリフォルニアワインの白
それからハーフポンドの
ロブスターを４つ
11

和食のマナー6の法則

和食の繊細な料理を存分に楽しむには、正しいマナーで食べることが必要だろう。

正しいマナーは美しいだけでなく、とても合理的に一品一品をじっくり味わい尽くすことができるのだ。

1 伝統的和食の形式は三種類

日本料理には三つの形式がある。まず一つは本膳《ほんぜん》料理。正式な日本料理とされているもので、室町時代に武家の間で確立した。料理はすべて脚付きの膳に並べられる。膳は一の膳から五の膳まで、料理は二汁五菜から三汁十一菜まである。

二つめが会席《かいせき》料理。これは本膳料理が簡略化されたもので、料理は脚のない膳に並べられる。江戸時代に酒宴料理として広まったもので、現在の宴席や会食でよく出されるのがこの会席料理だ。二汁五菜くらいが一般的で、すべての料理を揃えて並べる場合と、一品ずつ供する場合とがある。

三つめが懐石《かいせき》料理。こちらは茶事でお茶の前に出す軽い料理のことで、一汁三菜が一品ずつ運ばれる。

2 知らないと困る！　和室の席次

■床柱を背にする席が上座
■三人並ぶ場合は中央が最上座
■出入り口に近いのが末座

立場が上の人から順に位の高い位置に座るのが基本。

和室というのはどの場所がどんな順序で位が高いのだろうか。ポイントは床の間と出入り口だ。

床の間の床柱を背にする位置がもっとも上座。柱を背にすれば背後が安全だからという理由らしい。その隣が次席となる。床の間を背に三人が並んで座る場合は**中央が最上席**、その向かって右が次席、向かって左が第三席となる。また、床の間がない場合は、**出入り口からもっとも遠い席が最上席**。出入り口にもっとも近い席が末席となる。カウンター席でもこの考え方で席に着けばよいだろう。

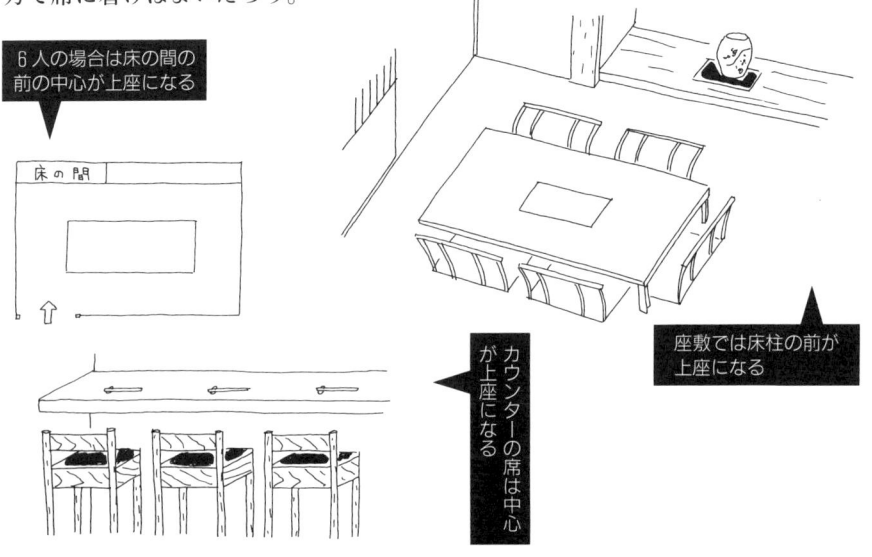

6人の場合は床の間の前の中心が上座になる

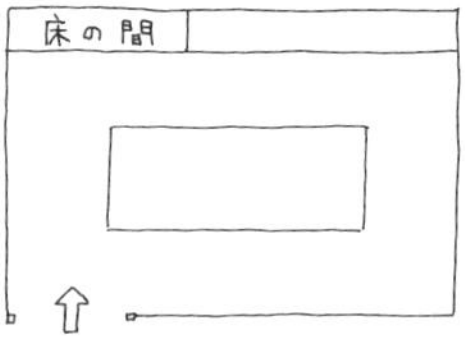

座敷では床柱の前が上座になる

カウンターの席は中心が上座になる

3 何をどう注文すればいいの？

会席料理のようなコース料理の場合は、何種類かあるコースから予算に応じて選べばよい。

あまり形式ばらない席だったら、主賓に好き嫌いや希望を聞いた上でアラカルトで注文してもＯＫだ。

4 正しい箸使いこそ、和食マナーの基本

箸《はし》を正しく使ってこそ和食はおいしくいただけるし、同席者にも不快な思いをさせずに済む。箸使いは和食マナーの基本中の基本なのだ。

〈正しい箸の持ち方〉

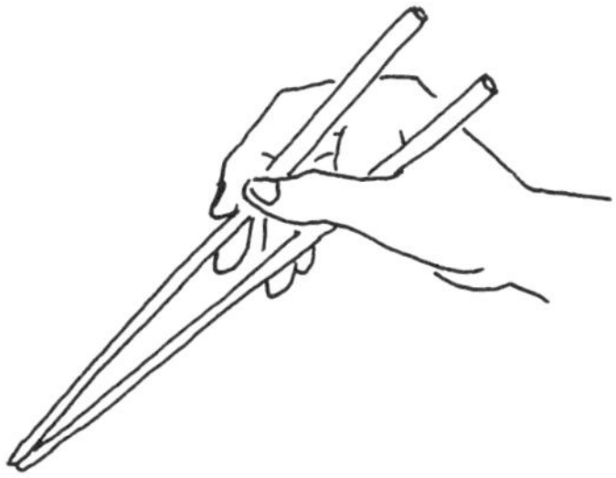

箸は先を左向きにして置かれているので、二本を揃えたまま中央部分を上から右手で持って取り上げる。その箸の下に左手を添えて持ち上げたら、右手を箸頭の方に滑らせて、箸の下に回して中指を箸と箸の間に入れる。**三段階で持つ**、と覚えておくといいだろう。

割り箸の場合は、右手で取り上げたあと水平に膝の上まで持ってきて、箸の中央付近から上下に割る。膳の上で割ったり、箸を立てて左右に割ったりしないように注意したい。

次に持ち方。箸の中央よりやや頭寄りを、親指の付け根で下の箸を固定し箸の下側に薬指を添える。上の箸は人差し指と中指とで挟む。

動かす際は、下の一本を固定したまま上の一本だけを動かす。正しい持ち方をしていれば、自然に動きはこうなるはずだ。

置くときは、取り上げたときと逆に、左手を箸の下部に添え、上から右手で持ち直して自分の体と並行に箸置きの上に置く。箸置きがなく箸袋しかない場合は、箸袋を結び、箸の先をその間に入れるか、上に置く。

箸置きと箸袋の両方がある場合は箸置きに置いて、空の箸袋は膳や懐石盆の左側に縦に置く。箸置きも箸袋もない場合は、食事の途中であれば盆や膳の左側の縁に箸先２㎝ほどをかけて置き、食べ終わったら縁にはかけず盆や膳の上に直接置く。

①
②

椀《わん》物など器を左手に持った状態で箸を取る場合は、まず右手で取り上げてから左手の人差し指と中指の間に挟み、右手を箸頭の方に滑らせて持ち替える。

置くときは逆の順序。いずれも、やはり三段階で持つのがポイントだ。

5 器のきれいな持ち方は

椀や小鉢、醤油を入れた小皿など、掌にのるサイズの器は、和食においては持ち上げても構わない。

むしろ汁気の多い料理はしずくが垂れるのを防ぐため、持ち上げた状態でいただく方が望ましい。

背筋をピンと伸ばした姿勢で食べることができるからだ。置いた器にかがみこんで食べる犬食いはみっともない。

器を持つときはまず箸を置き、右手で器を取り上げてから左手に持ち直す。その際親指を器の縁にかけ、残り四本の指を揃えて器の底を支える。

置くときは取り上げたときの逆。まず箸を置いてから、器を右手に持ち替えて膳の上に置けばよい。

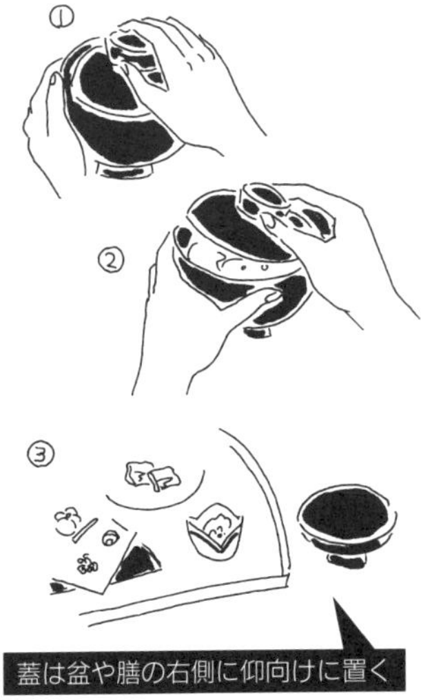
①
②
③
蓋は盆や膳の右側に仰向けに置く

蓋《ふた》物の場合は、器を取り上げる前に、まず蓋を取る。左手を椀に軽く添え、右手で蓋の糸尻を持って手前から向こうへと開ければよい。

もし蓋がはずしにくくなっていたら、左手に少し力を入れて椀の縁をたわめる感じにすると、椀と蓋との間に空気が入るのでたやすくはずれる。

はずした蓋はしずくが垂れないよう椀の上で裏返し、両手で持って膳や盆の右外に仰向けのまま置いておく。

椀を食べ終わったら蓋は元どおりに椀にかぶせる。蓋を仰向けの状態でかぶせるのはダメ。

6 料理ごとの美しい食べ方を覚えよう

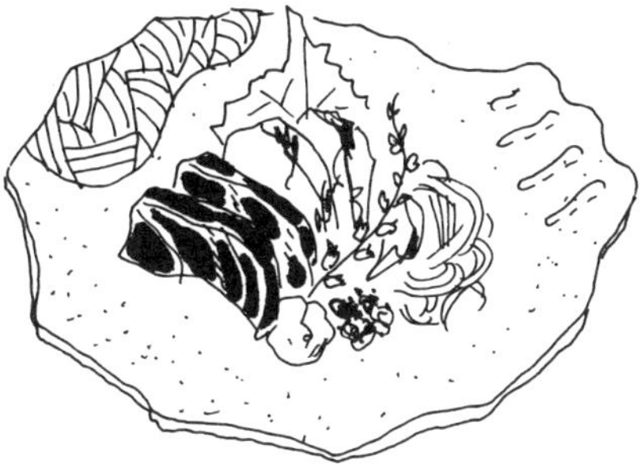

まず目で味わうといわれる日本料理。美しい盛り付けを楽しみながら美味しくいただこう。

刺身によく添えてある花穂ジソ。これは茎を左手で持ち、花穂を箸でしごいて刺身全体に散らしてからいただこう。

わさびは刺身にのせてから醤油皿へ。わさびを醤油に溶きいれてしまうと、せっかくのわさびの香りがなくなってしまう。花穂ジソ以外のツマも食べられるものはすべて食べてかまわない。

椀盛りは、まず汁をひと口飲んで吸い口の香りを楽しもう。それから実を箸で切り、ひと口大にしてからいただく。

炊き合わせの具も大きなものは箸でひと口大に切って食べよう。箸で切ることのできない固さのものは、口で噛《か》み切り何度かにわけて食べるとよい。

手前に盛り付けられた具から順に食べていくと、美しく食べることができる。

あしらってあるネギやユズは、食べる前にまず香りと見た目を楽しんでから、全体に散らすなどして料理に香りをなじませて食べる。

揚げ物は、先の方だけをつゆにつけ、しずくが垂れないようつゆの器で受けながら食べる。

おろし大根やしょうがはつゆの中に入れても、刺身のわさびの要領で天ぷらに少しずつのせてもどちらでも構わない。

ひと口で食べきれない大きさのものは、口で噛み切り何度かに分ければよいが、盛られていた皿には戻さないこと。つゆでなく塩でいただく場合は、塩を手でつまんだりせず、揚げ物を直接塩につける。

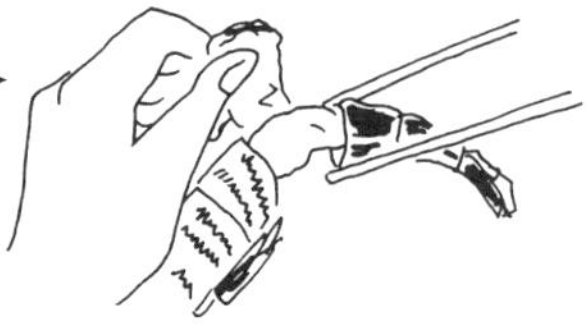
エビはまず手を使って殻をむく

食べ方に迷う料理として、殻《から》つきのエビやカニがある。

たとえば殻つきのまま焼いたエビは、頭を左手で押さえながら身の中央を箸で挟み、まず頭と身とを離してしまう。そして尾の付け根を箸で持ち上げながら、左手で殻をむいていこう。むいた殻は皿の向こう寄りにまとめて置いておけばよい。身は頭側からひと口ずつ口で嚙み切って食べよう。

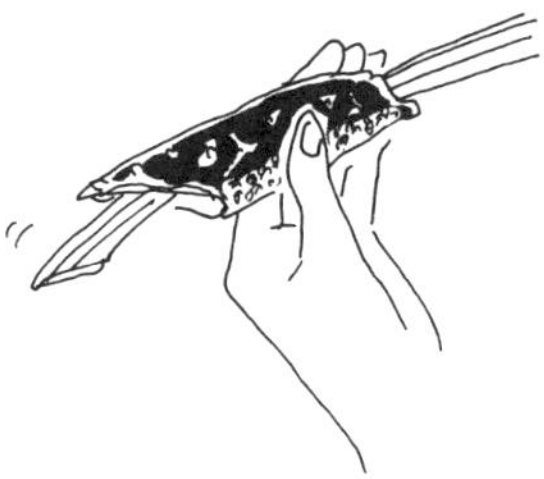
カニ足は押し出すと身がきれいに取れる

カニ足の場合は、左手で持ったまま箸の先で右側から左側へと身を押し出して、出てきた身を箸で引き出せばよい。

手を使う際はできるだけ指先だけを使うこと。汚れた手はおしぼりで拭《ふ》き取る。

蓋は仰向けにして膳の右側へ。汁物の蓋が手前になるように

日本料理では最後にご飯と汁物が登場する。これらが出たらもう酒は終わり。

まず汁物の蓋を開け膳の右外に置いてから、ご飯の蓋を取るのがマナー。膳の右側に蓋が二つ並ぶことになるが、先に外した汁物の蓋の方が手前になるよう置く。重ねると漆器を傷つけるので、重ねないこと。

そして汁物をひと口いただいてからご飯を食べる。汁物とご飯とがほぼ同時になくなるように食べていこう。食べ終わったら蓋を元どおりにかぶせておこう。

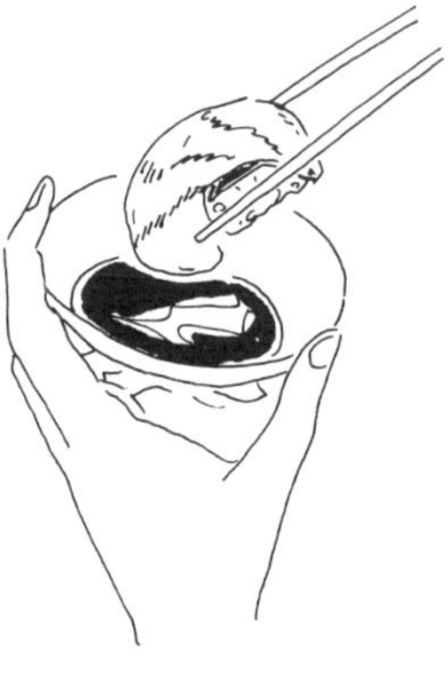
醤油はタネ側につけていただく

寿司の場合は箸で持ち上げて、タネに醤油をつけて食べる。握りが大きい場合は、飯だけを半分ほど先に食べてしまおう。そのあとひと口で食べればいいわけだが、その際箸を使ってタネで飯を包むようにして醤油につけるとくずれない。

ボクの失敗談

うっかり“突き箸”してしまった！

箸使いには実にたくさんのタブーがある。私も以前、炊き合わせの小芋が滑りやすかったので、ついうっかり箸を突き刺してしまったことが。口まで運んで、あっと気づいたけどもう遅い。あのときは恥ずかしかったなあ。

いつもの癖が出てしまった“渡し箸”！

箸を器の上に渡して置くのは、自宅では結構やっていることだよね。でもこれもタブーなんだ。ある会食で最後にご飯と汁物が出てきたとき、食べ終わって「ああおいしかった」とばかりにご飯茶碗に箸を渡して置いちゃった。和食マナーで渡し箸が許されるのは、皆で使う取り箸のみ。ほかにも箸を持った右手で椀を持つ“握り箸”、口の中で舐めまわす“ねぶり箸”、器のなかに何があるかとかき回す“探り箸”、遠くにある器に箸をのばす“及び箸”等々、箸使いのタブーは数多いので、普段から気をつけよう。

〈他にもあるぞ、箸使いのタブー〉

涙箸

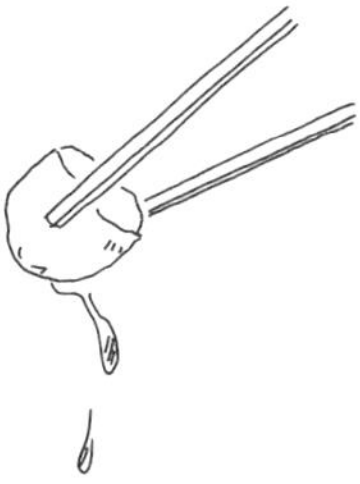

料理の汁などをたらしながら口へ運ぶこと

握り箸

器を持ったままの手で持つこと

渡し箸

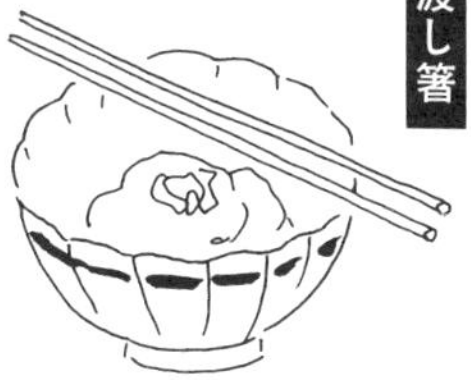

器の上に箸を渡して置くこと

押し込み箸

口の中へ箸で料理をつめ込むこと

迷い箸

どの料理を食べようかと、箸をうろうろさせること

寄せ箸

離れた所にある器を箸で引き寄せること

西洋料理のマナー11の法則

西洋料理でも正式な席では、きちんとしたマナーが必要だ。多少複雑ではあるが、基本的な考え方を理解すれば、覚えやすい。

正しいマナーを身につけていれば、高級レストランでも雰囲気に飲まれることなく、リラックスして食事を楽しめるはず。

1 予約の仕方

- **名前、人数、日時、連絡先の電話番号を明確に伝える**
- **食事の目的を伝える**
- **予算を店側に伝える**
- **人数の変更、キャンセルはすぐ店に連絡をせよ**

人数が多い場合や込むことが予想される週末やクリスマスシーズン、またマスコミによく紹介される人気の店などは予約がないと入店できないおそれがあるので、遅くとも数日前までには予約を入れておこう。

予約は電話１本でＯＫ。午後２時から５時くらいの、店が忙しくない時間にかけるとよい。「予約をしたいのですが」と言えば、店の人が名前や人数、希望日時、連絡先の電話番号などを尋ねてくるので、それに答えていけばよい。

その際、商談やお祝いパーティーといった食事の目的も伝えておくとよいだろう。予算や**利用できるクレジットカードの種類も確認**しておこう。応対してくれた店員さんの名前は一応メモしておくと安心だ。予約を入れたあとで、キャンセルや人数、日にちの変更が生じたら、ただちに連絡を入れること。当日遅れそうになった場合も速やかに連絡する。予約から当日まで日数がある場合、前日か当日に再確認の電話を入れておくとより安心だ。

2 どんな服装で行けばいいの？

レストランの格によるが、男性の場合ノーネクタイであっても上着は必ず着用したい。スーツならまず無難だろう。

せっかくすてきなレストランへ行くのだから、きちんとした服装をして自分自身の気分を盛り上げたいもの。

女性はパートナーのファッションスタイルに合わせたい。

3 店に入るとき、席に着くとき、ちょっと気をつけよう

カップルやグループで入店する際は、男性がドアを開け、まず女性から入ってもらう。欧米の**レディファーストの考え方**をいかなるときも忘れないように。

席まで店の人が案内してくれる場合も、女性を男性より先に歩かせる。案内係がいない場合は、男性が先に立ち空いている席を探そう。

席次は、テーブルを前にして右側が上座、左側が下座というのが基本。**壁際なら奥**、窓からの眺めがあれば**景色をよく見ることのできる席が上席**となる。やはりレディファーストで、女性を上座・上席に座らせること。

4 何をどう注文すればいいの？

アラカルトよりもコース料理の方がバランスよくいろいろな料理を楽しめるので無難。何種類かある場合は予算に合わせて選ぼう。

アラカルトにするなら主賓の好き嫌いや希望を聞いた上で、サービスの人と相談して決めよう。その日のおすすめ料理を中心に考えていくのもいい。

メニューを見ただけではどんな料理かわからない場合なども、お店の人に気軽に尋ねてみよう。よくわからない料理を適当に注文していては、気持ちよく食事を楽しむことはできないぞ。

5 ワインはどうやって決めればいい？

ソムリエに相談するのが一番だ。選んだ料理にはどんなワインが合うか、予算はいくらくらいか、今日の食事では何本のワインを飲むつもりか、といったことを伝えれば、いくつか候補を挙げてそれぞれについて説明してくれるはず。

知ったかぶりをする必要なんてまったくない。むしろソムリエとあれこれ相談することこそ、食事とワインを楽しむ第一歩なんだ。

6 ワインのテイスティング　何をすればいいの？

ソムリエはワインをテーブルまで持ってくると、まずラベルをテーブルの全員に向け、注文どおりのワインかどうか見せてくれる。そしてコルクを抜いて異常がないことを確認すると、グラスに少量のワインを注ぎ、ホストにテイスティング（味見）を求める。

ホストというのはグループならリーダーや年長者、カップルなら男性が相当する。

ホストは色、香り、味の順で確認していく。とはいえテイスティングはほとんど儀礼なので、グラスの柄を持ってワインを眺めてから、ひと口含んでゆっくり飲み下し、ソムリエににこやかに**「結構です」**と言えばよい。

〈テイスティングの仕方〉

グラスに1/4程のワインを注ぎ色を見る
グラスを回しながら香りを確認する
少量を口に含み味を確認
ゆっくりと飲み込み、喉ごしと後味を確かめ余韻を楽しむ
ゴックン
クリュ

7 何本も並んでいるナイフやフォーク、どれから使うの？

運ばれてくる料理ごとにナイフやフォークをセットしてくれるレストランもあるが、あらかじめテーブルに何本ものナイフやフォークをセットしてある店も多い。

左にフォーク、右にナイフとスプーン、上部にデザートやコーヒー用のスプーンが並べられる。左右のナイフ、フォークは出てくる料理の順に外側から並んでいるので、料理ごとに外側から使っていけばよい。

8 ナイフやフォークの正しい使い方は？

ナイフは右手、フォークは左手に持つのが基本。いずれも人差し指を柄に添えて動かすが、手の小さな女性などの場合、ナイフは鉛筆を持つように持つと、動かしやすいし見た目もきれいだよ。

サラダやロングパスタなど、フォークを右手にした方が食べやすいものは持ち替えて構わない。

「まだ食事中」のサイン

「食事終了」のサイン

ワインを飲むなど食事を一時的に中断するときは、ナイフとフォークを皿の上に八の字に置く。このときナイフの刃は自分向き、フォークは背を上に向くようにしよう。深く置いた方がずり落ちたりしないので安心。

食べ終えたときは、ナイフとフォークを揃えて皿の上に置く。ナイフの刃は自分向き、フォークは腹を上に向け、手前からフォーク、ナイフの順で置く。

9 ナプキンの使い方

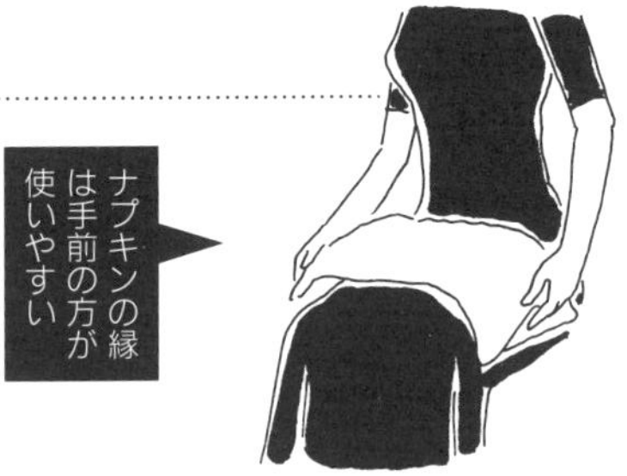
ナプキンの縁は手前の方が使いやすい

ナプキンは食前酒が運ばれてきてから、または注文を済ませてから広げよう。パーティーなどでは乾杯が終わってから。

二つ折りにしたら輪の方を向こう側にして、膝の上に広げる。幼児ではないのだから胸から下げたりしないように。

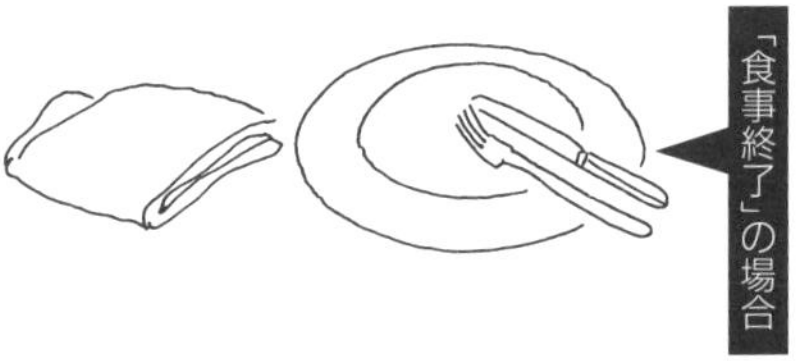
「食事終了」の場合

ナプキンの端をベルトなどに挟むのも格好悪い。口元を拭く際は、両手でナプキンの手前の角を持ち、折った内側で軽く押し当てるようにする。

食事が済んだらナプキンは軽くまとめてテーブルの上に置く。食事中にやむを得ず中座する場合は、椅子の上かテーブルの上に置く。

10 料理はこう食べよう

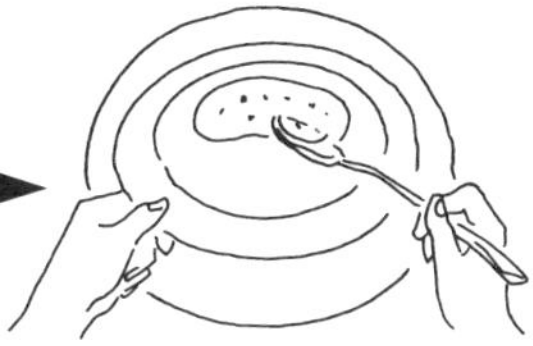

スープの量が少なくなったら器の手前を軽く持ち上げる

スープはスプーンを鉛筆の持ち方で右手で持ち、左手を皿に添えながら、手前から向こう側にすくっていただく。量が減ってすくいにくくなった場合は、スープ皿の手前を左手で軽く持ち上げ傾けることで、スープを向こう側に寄せてすくおう。

口に入れる際は、スプーンの横ではなく先からゆっくりと流し込むこと。音をたてすするのは絶対にＮＧ。飲み終わったらスプーンは皿のなかに置いておく。

魚料理は切り身なら、左からひと口大に切っていけばいい。一尾魚ならまず表の身を骨からはずそう。

フォークで頭を押さえてえらのあたりに縦に切れ目を入れ、背骨に沿って左から右へとナイフを横にして入れて、身をはずす。はずした身は左からひと口大に切って食べよう。

食べ終わったら、背骨と裏の身との間にナイフを差し込み、やはり背骨に沿って左から右に切っていこう。骨と頭は皿の向こう寄りにまとめておく。和食でも同様だが、魚は裏返さずに食べるのが正しいマナーだ。

魚料理にはソーススプーンが添えられることが多い。スプーンを平らにしたような形のもので、右手で鉛筆の持ち方で持つ。身が柔らかい魚料理にはナイフよりもソーススプーンが便利。

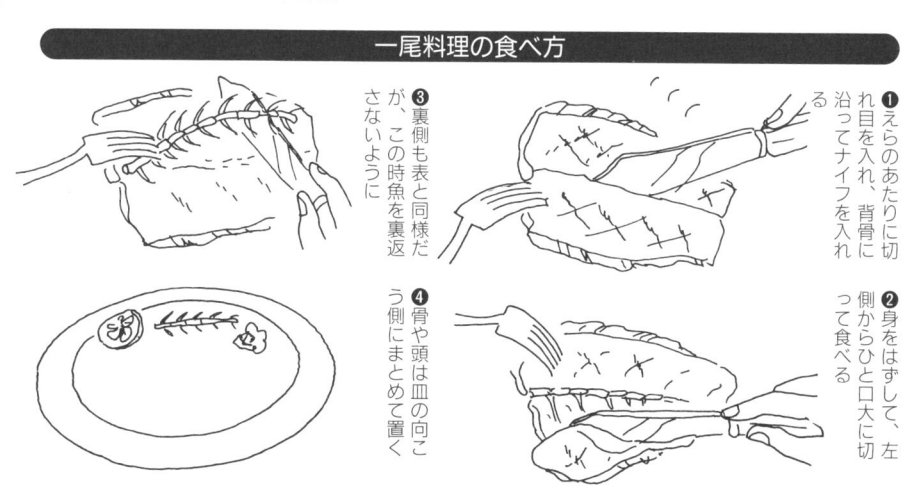

一尾料理の食べ方

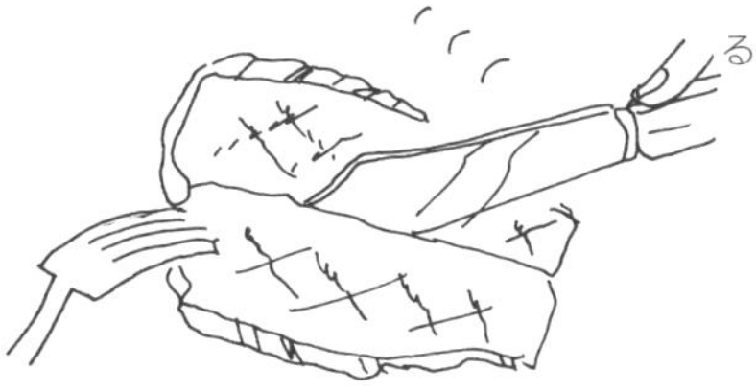

❶えらのあたりに切れ目を入れ、背骨に沿ってナイフを入れる

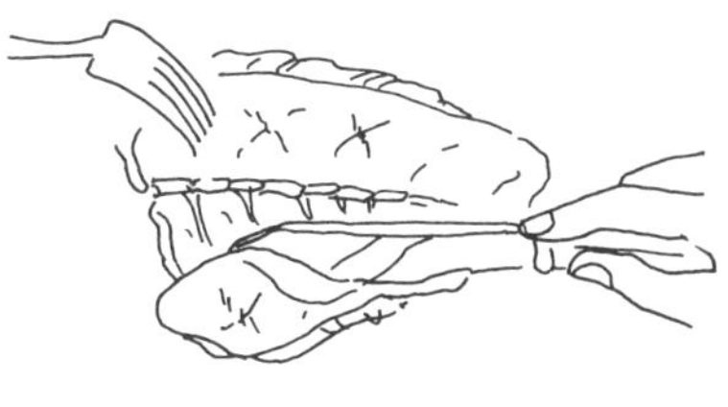

❷身をはずして、左側からひと口大に切って食べる

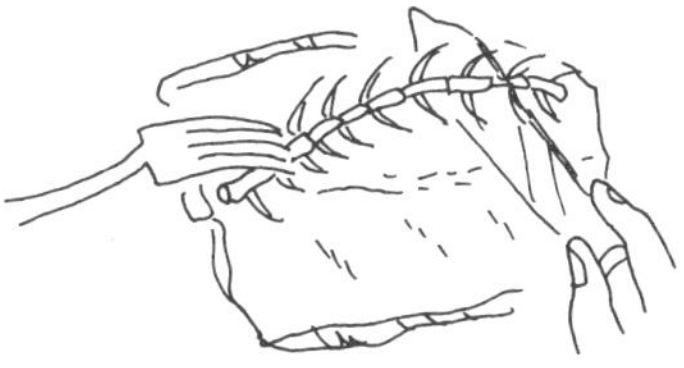

❸裏側も表と同様だが、この時魚を裏返さないように

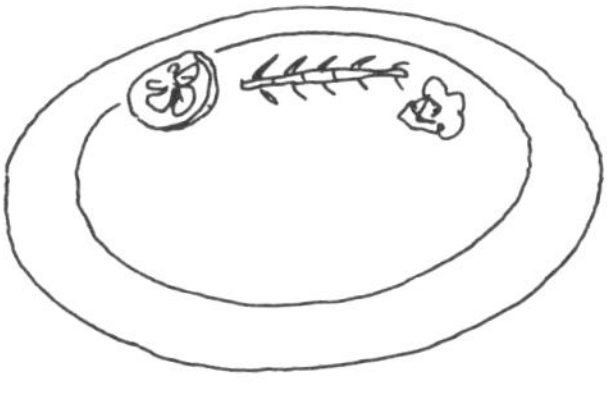

❹骨や頭は皿の向こう側にまとめて置く

くびれのない方で魚を切ったり、ソースをすくってかけたり、くずれやすい身を口に運んだりするのに使おう。

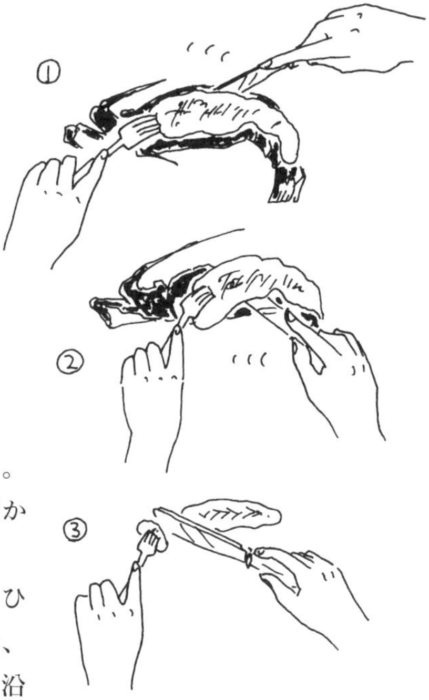

殻つきのエビは厄介そうだが、一度覚えておけばどうということはない。まず身から頭と尾を切り離す。次に身を殻からはずす。

尾をナイフかソーススプーンでしっかり固定しながら、尾側の身にフォークを刺してゆっくり持ち上げればよい。これできれいに身だけを取ることができる。

あとははずした身を手前に置いて、左側からひと口大に切って食べればよい。

ステーキなど骨のない肉料理は、左からひと口大に切っていただく。骨つきの場合は、フォークで肉部分をしっかり固定し、骨に沿ってナイフを動かし、肉と骨とを切り離す。付け合わせの豆類などコロコロした小さなものは、フォークの背で軽く潰してからすくうとスマートだ。

サラダを食べるときはフォークを右手に持ち替えても構わない。ひと口で食べきれない大きさのものは、ナイフを使って切ったり折り畳んだりするときれいに食べられる。

パスタにスプーンがついていたらくぼみを利用して巻き取る

パンは必ずひと口大にちぎって口に入れること。バターをつけたいなら、自分のパン皿にバターをバターナイフに取り分けておこう。一般的にパンはスープから肉料理の間で食べるようにする。

スパゲティなどのロングパスタは、スプーンもセットされていればスプーンとフォークで食べて構わない。フォークだけの場合、少量すくって皿の縁を利用しながら巻きつけて食べると食べやすい。ずるずるすすったり、噛み切ったりしないように。

11 スマートな会計の仕方は？

会計はレジよりテーブルで行なうほうがスマート。フロアにいるお店の人に、「お勘定を」と言えば、それを言った人に伝票を持ってきてくれる。商談や接待の場合には、さりげなく中座してレジで会計を済ませよう。

こちらが招待した相手が気を回して支払ったりしないよう、事前に店側と打ち合わせしておくことも大切。

支払いはクレジットカードの方がスマートだが、使えるカードは店によって種類が異なるし、カードがいっさい使えない店もあるので、予約の際に確認しておこう。

ちょっと
お手洗いに

ボクの失敗談

普段から
慣れておけば
大丈夫だよ

一瞬の静寂のなか、ナイフががちゃがちゃ……

和やかな会食でも、何かの拍子で場が一瞬しんとなるときってあるよね。間の悪いことにそんなとき、ボクの皿からナイフがかちゃかちゃ当たる大きな音が。周りが歓談しているから多少の音は目立たないだろうとつい気を許しちゃったんだ。どんなときでもナイフやフォークを音をたてて使うのはみっともない。注意しなきゃと思ったよ。ほかにも、音をたてて食べる、同席者とペースを合わせることを考慮しない、コースがまだ途中なのにタバコを吸う、なんていうのもうっかりやってしまいがちなことだね。

COLUMN

知っておきたい海外のマナー&ルール・2

優秀なビジネスマンになればなるほど、海外出張や赴任が増えてくる。もちろん、いやおうなしにさまざまな国の人たちと接することになる。また、海外の渡航者数も年々増え、にわか国際人が増えている。〝旅の恥はかき捨て〟という言葉は昔のこと。国にはさまざまなマナーとルールがある。そのマナーとルールをよく知り、守ることが国際人の第一歩といえるだろう。

イタリア

●イタリアでは駅の線路の横断は禁止されている。地元の人たちが何気なく横断しているからといって一緒に渡らないように。みつかると罰金になるので注意したい。

●美術館や教会が多いイタリア。そんな美術館や教会の中でフラッシュを使って写真を撮ることはマナー違反。特にミサ中に撮影することは絶対に慎しみたい。

アメリカ

●道を歩いていたら、ちょっと肩がぶつかってしまった。そんな時は〝Pardon・パードン〟と言って謝ろう。

●アメリカは徹底的なレディファースト国。エレベーター、レストランの入店などはすべて女性が先になる。男性はドアを開けて女性をエスコートすること。

●日本ではトイレのドアの前に並ぶのが普通だが、海外ではトイレの入り口の所で待つのが常識。並んでいる人がいるのに、このマナーを知らず、中に入っていくと、怒られることもあるので覚えておいて……。

●アメリカなどでは、むやみに人にカメラやビデオを向けないこと。日本とは異なりプライバシーを尊重する国なので黙って撮影すると、とんだトラブルになることもあるので十分注意したい。

オーストラリア

●オーストラリアでは公共の道路、公園に咲いている花をつんだら罰金になる。ちょっときれいだなと思っても絶対につんだりしないようにしたい。また、動物に対する虐待は重罪になるので、くれぐれも注意したい。

タイ

●仏教国のタイでは寺院などの拝観では肌を露出した洋服（タンクトップ、ミニスカート）を絶対に避けること。また、女性はむやみに僧侶に声をかけたり、触ってはいけない。

●子供の頭は体の中でもっとも神聖な所とされている。いくらカワイイからといって絶対に頭をなでたりしないようにしたい。

●タイは王室に対する敬意が強いため、映画館、劇場、市内で国歌が流れてきたらその場に起立し静止すること。これを怠ると外国人でも罰せられることがあるので注意したい。

インドネシア

●会話中に腰に手を当てると、怒りのポーズと思われ、思わぬケンカになるおそれも……。所変わればポーズも変わることを知っておこう。

中華料理のマナー8の法則

円卓をみんなで囲み、料理を大皿から取り分けるスタイルの中華料理では、箸を使うという点も親しみやすく気取らず食事を大いに楽しめばいいというイメージがある。だが、中華料理には日本の習慣とは異なる中華料理ならではのマナーがある。和食と明らかに違う点にさえ留意すれば、効率よく覚えることができるだろう。

和気あいあいとした場でも案外マナーはチェックされているもの。わかる人にはわかるという中華料理のマナー。きちんと身につけておけば、意外なところであなたの株が上がる。

1 中華料理の種類

数ある中華料理の中でも中国四大料理と呼ばれるのが、宮廷料理として発達し濃厚な味わいの北京料理、ピリ辛の香辛料を多用する四川料理、洗練された淡白な味つけが特徴の広東料理、豊富な食材を駆使し上海ガニのような季節限定ものもある上海料理。いずれもその地域の気候や風土に根ざした魅力を持っている。

このほか近年日本でもよく見かける飲茶料理というのがある。これは点心と呼ばれる軽食類を中国茶とともに楽しむもの。

点心にはシュウマイやギョウザ、麺類のように甘くないものと、団子や杏仁豆《あんにんどう》腐《ふ》のように甘いものとがある。

2 円卓の席次

円卓の場合も和・洋と同様に**出入り口からもっとも遠い席が最上席**となるが、最上席からあとは二通りの席次が考えられる。

一つは時計回りに料理を取り分ける回転卓を考慮した中国式。この場合最上席から時計回りに順次席次が下がっていく。つまり最上席の左隣は次席、右隣が末席となるわけだ。

二つめの考え方は日本式のもので、最上席の左右に第二、第三、その隣に第四、第五、と最上席を中心に左右に順次席次を振り分けていく。このやり方だと最上席の真向かいが末席となる。

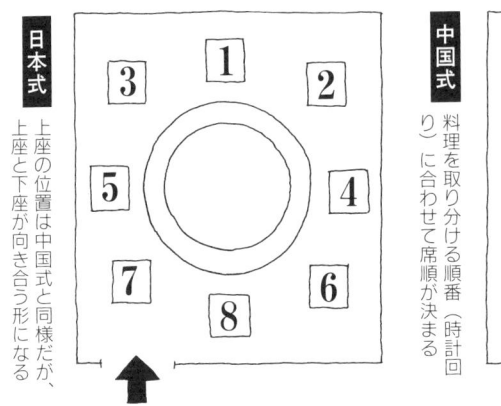

日本式

上座の位置は中国式と同様だが、上座と下座が向き合う形になる

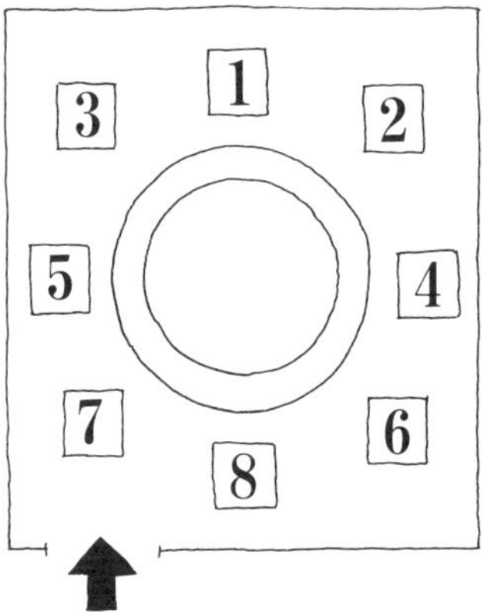

中国式

料理を取り分ける順番（時計回り）に合わせて席順が決まる

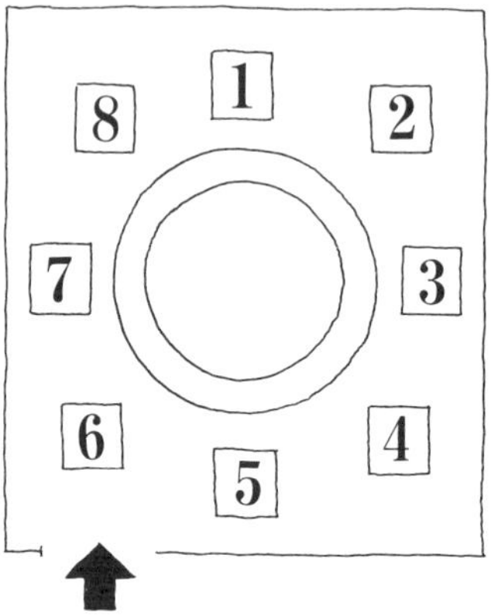

3 何を頼んだらいいの？

店の自慢料理などをバランスよく楽しむなら、やはりコースが適切だろう。何種類かある場合は予算に応じて決めればよい。

アラカルトで注文する場合は、人数にもよるが、前菜（冷菜）1～2品、スープ、主菜2～3品、点心（デザート）になる。

腹具合によっては、点心の前に麺類を頼んでもよいだろう。

4 円卓のマナー

回転卓に大皿で料理が運ばれてくる中華料理は、取り分けのマナーが大切だ。料理を取り分ける順番は主賓が最初、あとは時計回りに回していく。

料理は各自で自分の分だけ取ればよい。女性だからと隣の男性の分まで取ってあげる必要はない。また好物だからと全体の人数を無視して多く取りすぎたり、取り皿に取った料理を残したりするのはマナー違反。

全員が取り分けたあと大皿に料理が残っていたら、同席者に断ってからお代わりしよう。

5 サーバーの扱い方

大皿には料理を取り分けるためのサーバーがセットされている。大きめのフォークとスプーン、もしくは大小二本のスプーンであるのが一般的。

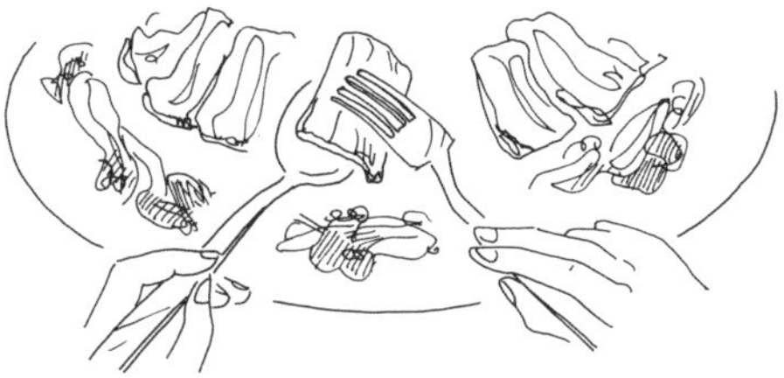

二本を片手で操っても、一本ずつ両手に持っても構わないが、両手の方が安心だろう。

左手にスプーン（大小ある場合は大きな方）、右手にフォーク（スプーンなら小さい方）を持ち、左手のスプーンに右手のフォークか小スプーンで料理をのせるようにする。

使い終えたらスプーン（大小ある場合は大きな方）を下に、フォーク（スプーンなら小さい方）を重ね、柄が皿からあまりはみ出さないようにして置いておこう。

6 箸とれんげの使い方

中華では箸を右側に縦に置くのがマナー。

れんげはスープ類だけでなく何に使っても構わない。

箸から落ちそうな料理は口まで運ぶ際の受け皿代わりにしてもいいし、麺はひと口分をれんげに移して食べる。

ぽろぽろする料理は、取り皿の中で箸でれんげに寄せて食べてもよい。

麺はひと口分をれんげに移すと食べやすい

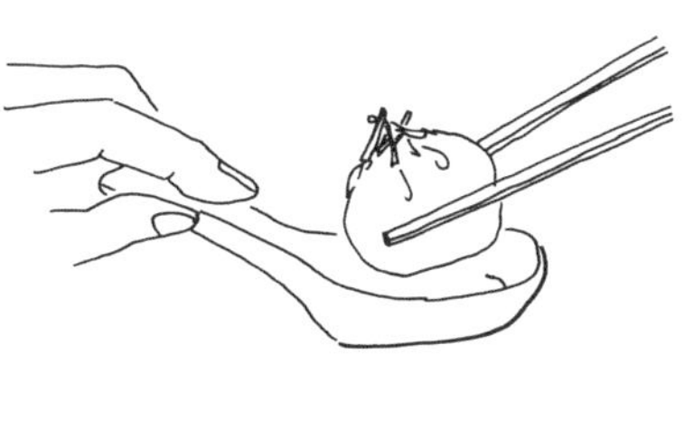

小龍包は箸でつまんでれんげにのせて食べる

7 食べ方のマナー

絶対に気をつけたいのが、**器を手で持ち上げない**ということ。これが和食ともっとも異なる点なのだ。

大皿から料理を取り分けるときも取り皿を近づけるのは構わないが、取り皿を持ち上げるのはやめよう。スープや麺類も器をテーブルに置いたまま食べる。また麺類をズルズルするのはＮＧ。スープの具と同様に、れんげにひと口分を箸で移して食べる。

春巻のようにひと口では食べきれない大きさのものは箸で小さくするが、難しい場合は口で噛み切って何回かに分けて食べても構わない。

殻つきエビは、頭がついていれば箸か手でまず頭をはずしたあと、殻のまま口に入れる。殻と身の間に旨みが凝縮されているからだ。口の中に残った殻は、左手で口元を覆いながら箸で取り出し取り皿にまとめて置く。

殻つきカニの場合は、指を使って食べて構わない。

8 中国酒に氷砂糖は入れなきゃダメ？

紹興酒など中国酒には氷砂糖が添えられてくる場合があるが、酒に入れるかどうかは各自の好みで構わない。ひと口飲んでみて、もし飲みにくければ砂糖で甘くすれば飲みやすい。

ボクの失敗談

周りへの
気配りも
大切なマナーだ

料理を取ろうとしている人に気づかす、円卓を回してしまった！

10人ほどで円卓を囲んでいたときのこと、ボクは隣の人と話をしながら、遠くの料理を取ろうと円卓に手をかけた。ふと見ると、向かいの席にいた女性が目の前の料理を取ろうとちょうど手を伸ばしたところ！　「あっ」と気づいたがもう遅い。すでに円卓を回してしまった。女性は目の前の料理がなくなったので、恥ずかしそうに赤くなっている。あのときは、失礼なことをしたと猛反省したよ。以来、円卓を回す際には、料理を取ろうとしている人がいないかどうか必ず確認しているんだ。

立食パーティーのマナー7の法則

どう振舞えばいいのかよくわからないから立食パーティーはちょっと苦手、という人も多いのではないだろうか。スマートな身の処し方を覚えれば、他の出席者とのコミュニケーションも積極的にとれるようになるに違いない。

1 手荷物（鞄やコートなど）はどうすればいい？

取り皿やグラスは自分で持って動くのが立食パーティーの基本。手を空けておくためにコートや鞄など手荷物はクロークに預けよう。

女性のハンドバッグも両手が空くように、ショルダーストラップの付いたタイプの方がよいだろう。

2 料理を取るのに順番はあるの？

立食パーティーでは部屋の中央に料理ののった大きなテーブルがセットされているのが一般的。

どの料理を取っても構わないのだが、できればコースを食べるときのように、前菜から魚料理、肉料理、デザートの順にするのが理想的。

また、取るときは、料理テーブルの周りを時計回りで動いていくとほかの人とぶつかり合わずに済む。

割り込んだり、人の肩越しに取るといった行為は慎むべし。

3 どうやって取ればスマートか

基本的に一つの取り皿にはあまり何種類も取らないこと。見苦しいだけでなく料理の味も損なってしまう。あれこれ食べたければ、何度かに分けて取りに行けばよいのだ。何回も取りに行くのはマナー違反ではないので安心しよう。

一皿に複数の料理を取る場合は、冷たい料理と温かい料理を一緒に盛らない、ソースのかかったものや汁気の多いものを一緒に盛らないといったことに気をつけて。

また、温かい料理は温かいうちにいただく、好物ばかりを取らない、大皿の中の料理をかき混ぜたりして汚くしない、などのことにも気をつけよう。

4 料理はどこで食べればいい？

取り皿に料理を取ったらすみやかに料理テーブルを離れ、ひとところに立って食べよう。

室内に置かれた小テーブルが空いていれば、グラスはそこに置いてもよい。

もし椅子が空いていれば腰を下ろしてもよいが、長々と一人占めしないように。

5 グラスと皿はどう持つの？

掌にグラスをのせ、指で支えた皿とともに軽く握る感じにする。ただしこれは慣れないとなかなか難しいもの。

落とす危険を考えれば無理をせず、移動するときはグラスと皿をそれぞれ両手で持ち、口にする際はグラスか皿のどちらかをテーブルに置く方が安全だ。

6 空いた皿やグラスはどうするの?

小テーブルに置いておくか、室内を回っているサービスの人に手渡せばよい。

小テーブルの上に置きっぱなしにしてある皿やグラスは、中身が残っていようがいまいがどんどん片付けられてしまうので気をつけよう。

7 お酌はした方がいいのか?

立食パーティーではそんな気遣いは不要。ビールなど飲み物のボトルがテーブルに置かれていたら、各自で自分の分をつげばよい。特に**女性が男性にお酌するなど論外**だ。

あなたが男性ならば、女性のグラスが空だったときに、相手の意思を確認した上でお代わりを持ってきてあげる程度の心遣いは紳士的ですてきだと思うよ。

ボクの失敗談

知らない人ばかりの会場だった!

若い頃出席したあるパーティー。周りは知らない人ばかりでボクは話しかける勇気もなく、壁際で一人ぼんやりしてた。間がもたないのでビールやワインをがぶがぶ。するといつの間にか結構酔ってしまっていたんだね。妙に気が大きくなって大声でしゃべりまくっていた……。立食パーティーでは、知らない出席者とでも交流をはかり親睦を深めることがいちばんの目的。多少気後れするけれど、人の輪の中にどんどん入っていこう。最初は笑顔で相槌を打っているだけでもいい。また、アルコールを飲みすぎるのはパーティーでは最低の行動。アルコールに強い人ほど失敗しやすいので肝に銘じておこう。

話したい人の視界に入れ!

会場内に知っている人がいたので話をしたいと思っても、人が多くてなかなか近くに行けないときがある。そんなときはその人の視界に入る場所にいるとよい。また、コンパニオンがその人にお酒を持っていったときが話しかけるチャンスだ。

知っておくと便利な食事マナー

前頁で紹介できなかった知っておくと便利な食事マナーを紹介しておく。お客様の接待、上司との会食はビジネスマンにとって食事も仕事のひとつと心得、さまざまなマナーをきっちりと身につけたい。

Q フィンガーボウルの使い方を教えて

A 小さな銀色の容器に水が入ったフィンガーボウルが出てきたら、料理を手で食べてもよいという意味。これも料理かなと思ってあやまって飲んだりなんて決してしないこと。片手ずつ汚れた指をすすいできれいにし、ナプキンで拭けばよい。

Q ワイン、ビールを断るときはどうしたらいい?

A これ以上ワイン、ビールが飲めないという場合は、つがれる前に軽くグラスの上に手をかざせばよい。ただ、クライアントがせっかく新人のキミについでくれるのに、早い時間帯からこれをすると嫌な空気が流れるかも……。つがれるよりも相手のグラスにお酒が少なくなってきたらすすんでお酒をすすめよう。

Q 土びん蒸しの食べ方を教えて

A 土びん蒸しにはスダチやユズがついてくるので、まず土びんの蓋を取り、このスダチ、ユズの汁を絞り入れ、残った皮、果肉の部分は土びんの受け皿に置いておく。土びんに蓋をして軽く手で蓋を押さえながら盃に中の汁を注いで飲む。中の具は蓋を取り、箸でつまんで食べるとよい。具と汁を交互に食べると美味しい。盃だからといって、くれぐれも上司やクライアントについだりなんてしないように。

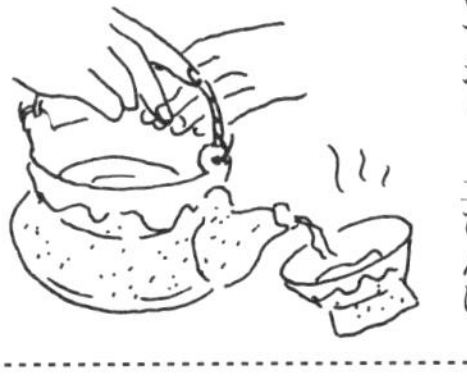

Q ふぐ刺し(てっさ)の食べ方を教えて

A 初めてふぐ刺しを食べるときは皿にきれいに盛りつけられていてどこから箸をつけてよいかなかなかわからないもの。皿に盛りつけるときは外側から内側に向かってふぐ刺しを置いていくので、基本的には外側から箸をつけると盛りつけが崩れてしまうので内側から食べるのがベターだが、くれぐれも知ったかぶりは厳禁。クライアントや上司同様にしよう。郷に入っては郷に従えだ。

　また、ふぐ刺しは2〜3片つまみ取るのが基本。箸を寝かせてごっそり取るのはマナー違反になるので注意したい。いくら好物だからといってクライアントや上司より先に箸を絶対に出さないこと。これは厳禁だ。

Q きれいな焼魚の食べ方を教えて

A 魚の頭に近い背の部分から箸を入れ、尾の方に順に身を食べる。骨をはずすときに箸だけで無理であれば左手を使用してもよい。基本的には魚を裏返して、身を食べるのはタブーである。また、身を食べ終わった後は皿の隅に頭、骨などをまとめて置く。食べ終わった後の皿もきれいにするのは食事のマナーの基本だ。

　鮎の塩焼きは箸で身を押さえたり、挟むと身と中骨がはずしやすくなる。尾を折り取り、左手で頭をつまみ、胴との境目に箸で切り込みを入れ、頭と中骨を胴体から引き抜くとよい。

●焼き魚の食べ方

骨をはずしてから裏側を食べる

●鮎の塩焼きの食べ方

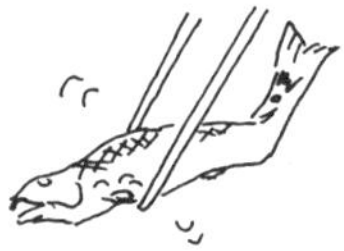

箸で押さえて身離れをよくする

尾を折り取る

胴体から頭と骨を引き抜く

まー　あなたが島さんですか　お噂はいつもうかがっております
どうぞどうぞ

訪問とおもてなし

相手の自宅を訪ねるにしろ自分の家に招待するにしろ、社会人ともなればマナーできちんと対応しなければ恥ずかしい。礼儀正しさをキープしつつ、リラックスして訪問やおもてなしに対応しよう。

訪問編 12 の法則

1 訪ねるときは約束してから

上司や恩師の自宅などの訪問の場合は、**１週間から遅くとも２、３日前**までには電話などで都合を聞いておくべし。

もっとあらたまった場合なら、まず手紙を出してから電話で都合を聞くとよい。親しい間柄で日にちだけ事前に決まっている場合にも、前日に電話をして時間をはっきり決めておこう。

お祝いをいただいたお返しや何かのお詫びを目的に訪問したい場合、あらかじめ用件を伝えると相手が遠慮する場合があるので、**訪問したい旨だけ伝え相手の都合を聞こう**。

そういう用件で訪ねたときは、10分程度で切り上げるのがマナーだ。

いずれの場合も朝早くや夜遅い時間、食事時は避ける。午前中なら10時から11時の間、午後なら2時から4時の間が望ましい。

訪問先の場所がよくわからないなら、電話で日時を約束する際に場所を確認しておこう。

2 約束の時間に遅れそうになったら

約束した時間は守るのが当たり前。時間には余裕をもって出かけよう。

しかしどうしても10分以上遅れそうになってしまったら、とにかく相手に電話をする。そして謝るとともに事情を説明し、どのくらいの時間に到着できるのかを伝えよう。そのためにも訪問する際は、その家の電話番号を控えておくとよい。その後訪問先に着いたらまず、遅刻のお詫びをするのを忘れないこと。

3 約束の時間より前に行くべきか

遅刻はいけないが、早すぎるのも相手に迷惑。約束した時間の前後5分ほどの間に行くのがもっとも適切といえる。

早く着いてしまったら場所だけ確認して、近所で時間を潰そう。

4 訪問時の服装は？

あらたまった訪問の場合、男性ならスーツが望ましい。「一度遊びにおいで」という感じで招待された場合はカジュアルな格好でも構わない。

靴を脱いで上がるのだから、靴下や靴にも気を遣おう。雨や雪の日なら替えの靴下を用意していくと、相手の家やスリッパを汚さずに済む。

女性の場合は、和室に通されることも考えて、座りにくいミニスカートやタイトスカートは避けた方がよいだろう。

5 玄関先でのマナー

玄関先だけで切り上げる短時間の訪問なら、コート類は脱がないのが基本。その際「コートのままで失礼します」とひと言添えよう。

家のなかに上がる場合は、玄関チャイムを鳴らす前にコート類を脱いでおく。コートのままだとコートに付着した外のちりなどが家に入ってしまい、失礼にあたるからだ。

ドアを閉めるときは体を横向きになるように。こうすれば相手にお尻を向けず、後ろ手にもならない。靴を脱ぐ際も相手にお尻を向けないこと。普通に前を向いたまま片足ずつ脱ぎ、上がってから靴の向きを変えて揃えよう。このときも横向き気味になれば、相手にお尻を向けないで靴を揃えることができる。

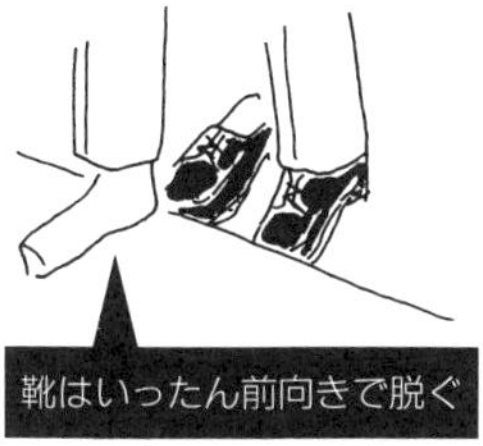
靴はいったん前向きで脱ぐ

相手にお尻を向けないようにしてドアを閉める

斜め後ろにひざまずくようにして、靴の向きを直す

そして玄関先では長々あいさつしないのがマナー。部屋に通されてからていねいにあいさつをする。

持参した手土産も部屋に通されてから渡すのが基本だ。

6 部屋に通されたときのマナー

通されたら部屋が洋室だったら、立った状態であいさつをし、手土産を渡す。

和室だったら入り口近くの畳にじかに座った状態であいさつをし、手土産を渡す。

洋室・和室いずれの場合もこのようにきちんとあいさつを済ませたら、相手に「どうぞお掛けください」「どうぞ座布団を」とすすめられたら、ソファなり座布団なりに腰を落ち着けるべし。

座る場所は、基本的には相手がすすめてくれた席に座ればよい。ただし本人でなくまず家族に対応されて「主人を呼んでまいりますのでお待ちください」と言われた場合など、特に席をすすめられなければとりあえず下座に座るのがマナー。

洋室でも和室でも出入り口に近い席が一般的に下座にあたる。その後、相手が「どうぞ上座にお座りください」とすすめてくれたら、上座に移動しよう。

和室なら床の間を背にした席、洋室なら出入り口から遠い奥の席が一般的に上座にあたる。ただし洋室では窓からの景色なども席の上下に関係するので、出入り口に近くても見晴らしのよい席が上座とされることもある。

和室で座布団をすすめられたらどう座ればよいだろうか。やってはいけないのは、立って座布団を踏みつけながら座ること。座布団をすすめられたときにはキミは座布団のすぐ横か後ろかに座っているはず。その位置から、両手を座布団につきながら膝でにじり寄るとよい。

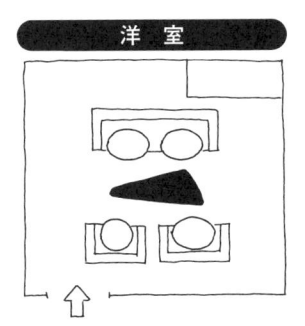

洋室　　和室

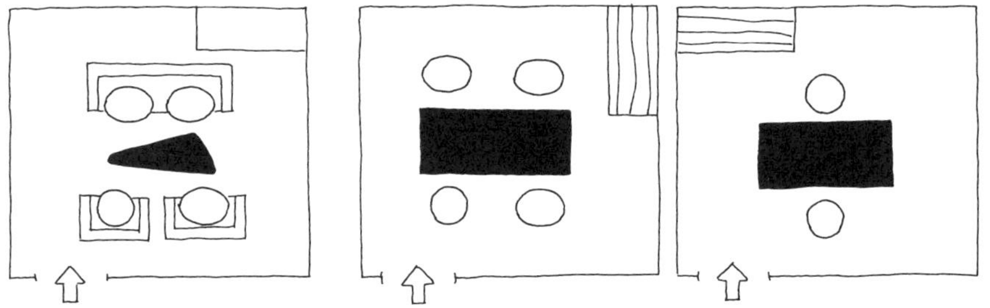

基本は和室と同じ。飾り棚の場所を床の間と考えればよい。長いタイプのソファがお客様用である

出入り口から遠く、床の間に近い席が上座にあたる

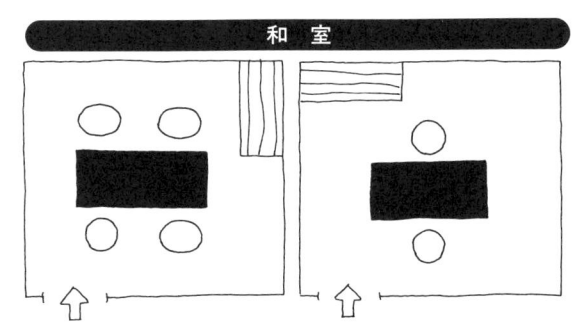

7 手土産はどんなものを、どんなふうに渡せばよい？

手土産はあまり大げさなものでなく、食べ物や飲み物、生花など消えてなくなるものがよいとされる。

ただし、お酒が飲めない人なのにお酒を持っていく、老夫婦だけの暮らしなのに量の多いものを持っていくといったことのないように、相手の嗜好や家族構成は考慮することが必要だ。

手土産は訪問先の近所で買うといかにも誠意がないと受け取られるので、事前に用意しておくか途中のデパートなどで買っておく。

手土産を渡すのは部屋に通され、きちんとあいさつが済んでから。ただしアイスクリームや生ものなど早く冷蔵庫に入れた方がいいものの場合は、中身を告げて玄関先で先に渡しても構わない。

玄関先だけで失礼する短時間の訪問なら、帰り際に渡そう。相手に渡すときは、手土産が店の紙袋に入っている場合は紙袋から取り出し、相手に正面を向けて両手で差し出す。

「お気に召すといいのですが」「おいしいと評判なので」などひと言添えて。「つまらないものですが」といったネガティブなことは言わない方がよい。

用済みになった紙袋は折り畳んで自分で持ち帰る。もし相手が「こちらで処分します」と言ってくれたら渡して構わない。

8 出されたお茶やお菓子はどうすればよい?

お茶やお菓子を出されたら遠慮なくいただくのがマナー。すすめられたら「いただきます」と会釈して熱いものも冷たいものもぬるくならないうちに頂戴しよう。

日本茶なら茶托ごと手前に引き寄せ、右手で蓋をはずし湯のみの右に上向きに置く。それから右手で湯のみを取り上げて左手で受け、静かに飲もう。飲み終わったら右手で蓋をする。蓋をはずしたり戻したりするときは、左手を湯のみに添えることを忘れずに。

コーヒーや紅茶ならティースプーンをソーサーの向こう側に置き、カップの持ち手を持って静かに飲む。女性であってもカップに左手は添えない。ケーキの銀紙は食べ終えたら小さく折り畳んで、フォークをその上に置くとスマートだ。

紅茶・コーヒー

使い終わったスプーンやレモンはソーサーの向こう側へ置く

はずした蓋は上向きにして右側に置く

日本茶

いただく時は音をたててはいけない

9 トイレに行きたくなったら？

基本的には訪問先ではトイレに行きたくならないよう、最寄駅かどこかで済ませておくのがマナー。

１時間ほどの訪問でトイレを借りるのはあまり行儀がよいとはいえない。万一どうしてもという事態になったら、「たいへん申し訳ないのですが」という姿勢でトイレを借りよう。

10 訪問が長引いて食事を誘われた。どうすればよい？

食事を誘われたら、「せっかくですがこのあとちょっと用事がありまして」などとひとまず辞退すればよい。相手が本当にすでに食事を用意している場合や、非常に強くすすめる場合は「ご好意に甘えさせていただきます」といただこう。

はい　ありがとうございます
でも　もう終電の
時間ですから……
長居を
いたしました

訪問の約束をした際に、「夕方前には失礼しますので」など、食事を用意しないでくださいということをさりげなく伝えるとよいだろう。

11 帰る際のマナー

訪問は長居をせず、１時間程度が一般的。話の頃合いを見て「そろそろおいとましします」とこちらから切り出そう。

うっかり長居しているうち、相手に「ついでがあるので駅までご一緒しましょうか」「お時間は大丈夫ですか」「お食事はいかがですか」などと言われたらそろそろ帰ってほしい合図かもしれないぞ。

すみやかに「長々と申し訳ありません、楽しくてつい長居してしまいました」などと謝って、帰る旨を切り出そう。

洋室ならソファから立ち上がり、和室なら膝で座布団からにじり出て、感謝の言葉とおいとまのあいさつをしよう。

玄関に来たら、スリッパを普通に脱いでから靴を履き、それからスリッパの向きを直して揃えよう。

コート類は玄関を出てから着るのが基本だが、相手にすすめられたら玄関内で着ても構わない。ただし手袋などは玄関を出てからつけること。

12 訪問のお礼など

訪問後、日があまり経たないうちにお礼状を出しておこう。

紹介者がいる場合にはその人にも、報告も兼ねてお礼状を出しておく。「ご家族の方にもよろしくお伝えください」のひと言を添えるのを忘れずに。

おもてなし編 9 の法則

1 道順をしっかり伝える

訪問を受ける約束をしたら、相手に自宅までの道順や交通手段をきちんと伝えておこう。

目印になる建物や交差点などがあれば、それも伝えよう。言葉で伝えにくい場合は事前にファクシミリなどで略図を送っておくと安心だ。

2 おもてなしの準備

準備は前日から始めるとよい。時間に余裕があれば、足りないものに気づいて買ってくるなど慌てずに行き届いた準備ができるからだ。

客用の湯のみやオシボリなど普段使わないものも前日には出して洗っておこう。

何よりも手をかけたいのは掃除だ。玄関、リビング（または応接間）、トイレ、洗面所は重点的に。片付けて掃除するだけでなく、花やグリーンを飾ると部屋が引き立ってくる。

また当日は、洗面所のタオルを清潔なものにかけ替えておく、トイレのペーパーも残り少なくなっていたら新しいものに取り替えるなどの点にも心を配ろう。

玄関には客用スリッパを揃えておくのも忘れずに。

3 玄関先でのお迎えマナー

雨や雪が降っている日だったら傘立てのほか、乾いたタオルやぞうきんを玄関先に用意しておこう。

チャイムが鳴ったらすぐ玄関に出て、とりあえず簡単なあいさつを。

コート類やマフラー、帽子、大きな荷物があればこちらで預かってから上がってもらう。

4 お部屋にお通ししたら

お通しする部屋の出入り口が襖や障子、あるいは手前に引くドアであれば、自分が開けて少し脇に寄り、お客様を先に部屋に入れる。

部屋の内側に押して開けるドアなら、自分が開けて自分が先に入ってから、お客様に入ってもらう。

いずれも「どうぞお入りください」と添えること。部屋に入ったら、上座の席をすすめよう。もし出入り口に近い席でも窓からの景色がよいなどお客様にふさわしい席があれば、「本来ならあちらが上座ですが、こちらの方が眺めがいいので」などと説明して、その席をすすめよう。

お客様が席まで移動したら、きちんとしたあいさつをしよう。洋室なら立ったまま、和室なら畳の上に正座して（座布団はあてない）「ようこそいらっしゃいました」とていねいなお辞儀とともにあいさつをする。

5 手土産をもらったら

手土産をいただいたらお礼を言って両手で受け取り、床の間やテーブルの上にいったん置こう。すぐに別の部屋へ持っていくのは失礼にあたる。かといって、お客様が帰るまでずっとそこに置きっぱなしも失礼だ。お茶を差し替えるときなどに一緒に下げるとよい。

ただし、お客様が「生ものなのですぐ冷蔵庫に入れてください」などと言ったら、すぐにキッチンへ。手土産が食べ物や飲み物の場合、その場ではお出ししないのが基本。しかし親しい間柄なら「お持たせですが」と断ってから、途中でいただいたものをお客様に出しても構わない。

6 お茶の出し方

最初にお客様に出すのは煎茶と茶菓子が一般的。あとで差し替えるとき、希望を聞いてコーヒーや紅茶を出してもよい。

お茶はその場で淹れてもよいが、キッチンで淹れてから客間まで運んでくる方があらたまった感じがあるし、手元を見られる緊張感もなくて済む。湯のみやカップに飲み物を入れてから茶托やソーサーにのせ、それをお盆にのせて運んでいこう。

人数が多ければ、茶托やソーサーは重ねて盆にのせ、テーブルに出すときに湯のみやカップをのせていけばよい。

お盆ごとテーブルにのせ、茶托やソーサーを両手で持ってお客様の前に出す。

差し替える際は、茶托やソーサーごといったん下げ、飲み残しを捨ててからあらためて淹れなおす。

7 もてなしの器はどうしたらよいの？

あらたまったお客様の場合は、自分たち家族の分も来客用の器を使うのがマナー。そうすることが、相手を大切なお客様として遇していることのひとつの表われとなるのだ。

親しい間柄なら、自分たち家族の分は普段使っている器でも構わない。ただしいずれの場合も、お客様のお茶には茶托を必ず付けること。

8 もてなしの料理

当初から食事も出すつもりであれば、訪問の約束のときにその旨を伝えておこう。相手にも都合があるからだ。

当初は食事を出すつもりでなくつい話が弾んで食事時になってしまった場合は、出前でも構わない。その場合、出前の器や割り箸などをそのままお出しせず、自宅の器に移し変え客用の箸を添えよう。

汁物や簡単な一品料理などを手早く作って一緒にお出しすれば、なお喜ばれるはず。

9 お見送りのマナー

相手が「そろそろ失礼します」と切り出したら、一度は軽くお引き留めをし、無理強いはしないように。

帰ることになったら客間できちんとあいさつをしてから、玄関へと案内する。玄関では預かっていたコート類や荷物を渡し、忘れ物がないかチェック。そして玄関内でコート類を着てもらうようすすめ、靴べらもおすすめする。

見送る際は玄関の外までお客様と一緒に出よう。マンションならエレベーター前やエントランスまで、車なら見えなくなるまで外で見送る。

相手に「ここで結構ですから」と言われたら、玄関先で見送っても構わない。

お祝い6の法則

友人や先輩の結婚や出産祝い、親や親戚の長寿祝い、あるいは新築祝いなどお祝いごとが増えてくる。社会人ともなればプライベートのお祝いごとでも、ただ口でおめでとうと言うだけでは済まなくなってくる。

背のびせず無理のない範囲で、また相手に気持ちの負担をかけない程度にお祝いの気持ちを形にしよう。

ほら　この間来た時とても貴重なワインを開けてもらったから
今日はそのお返しにこれをプレゼントするよ

1 出産祝い

出産が無事に終わったことを確認してからお祝いをしよう。

持参する場合は産婦の状態を考慮した上で、退院後２週間を過ぎてからに。ただし親しい女性や肉親以外は遠慮した方がよいだろう。

配送してもらう場合は生後１カ月以内が一般的。赤ちゃんの衣類やおもちゃを贈ることが多いが、新生児用のものは相手がすでに持っている場合も多いので、半年～１年後に使えるものでも喜ばれる。

タオルやシーツなどの実用品、写真立てなどの記念品、あるいは赤ちゃんのお母さん用のすてきな衣類などでもよいだろう。２人目、３人目の赤ちゃんの場合も、できれば１人目と同額程度のものを贈ってあげよう。

2 入園・入学・卒業祝い

親戚や親しい友人の子供なら入園・入学・卒業祝いをしてあげよう。

１カ月前から当日までに贈るのが一般的。現金を贈る場合は高額にならないように。図書券や文具券でも喜ばれる。

小さな子供なら現金よりも品物の方がよい。品物を選ぶ際は、子供の好みや性格をよく考えよう。「おめでとう」のメッセージを添えるのを忘れずに。

3 長寿祝い

60歳の還暦《かんれき》、70歳の古稀《こき》、77歳の喜寿、80歳の傘寿、88歳の米寿、99歳の白寿が長寿のお祝い。

本人の誕生日や、その年齢を迎える正月に家族や親戚が集まってお祝いの会を開くこともある。

以前は、還暦なら赤いちゃんちゃんこなどを贈ることが多かったが、今はそれほどこだわらないようだ。

むしろ今の高齢者はまだまだ若い人が多いので、その人の趣味やライフスタイルに合わせた柔軟な品選びが望まれる。

4 新築祝い

新築のお祝いには、インテリア小物など「いれもの」が縁起がよいとされている。

相手の希望を聞いて、ほしいものや必要なものを贈っても喜ばれる。

観葉植物などは何鉢あっても困らないし、好き嫌いも少ないので無難な贈り物といえそうだ。

避けたいのは、火事を連想させるようなもの、たとえば赤いものや火に関するものはだめ。

5 お祝いの水引と表書き

お祝いごとは何度あってもうれしいことなので、紅白の水引を蝶結びにする。

長寿祝いなら金銀にしてもよい。

表書きはそれぞれ、「御出産祝」「御安産祝」「御入園（御入学、御卒業）祝」「寿福」「還暦（古稀、喜寿、……）御祝」「御新築祝」「御開店祝」など。普通に「御祝」でも構わない。

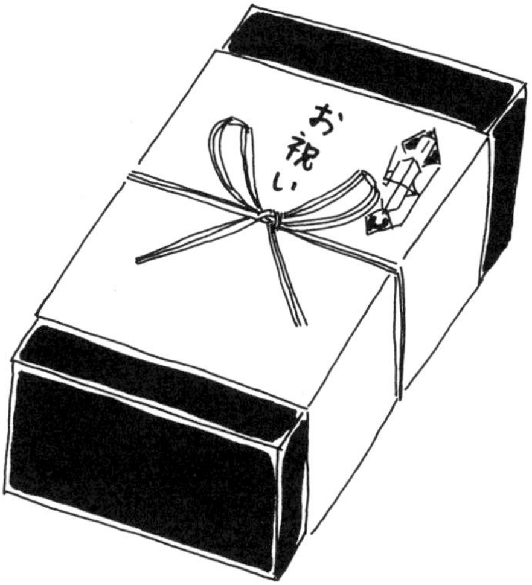

お祝いの表書き

新築・開店祝い		長寿		入園・入学		出産	
御開店祝	御新築祝	還暦御祝	寿福	御入学祝	御入園祝	御安産祝	御出産祝

6 お祝いの目安

平均的な金額としては、出産祝いは5000円、それ以外は１万円というのが目安。

ただし相手との親しさや関係によってこれより高くなる場合もある。たとえば出産祝いでも親戚なら１万円程度が一般的のようだ。

お見舞い5の法則

心身ともに弱っている相手の気持ちを何よりも考慮することが、お見舞いにおいては最重要のマナーだ。

よォ
具合は
いかがですか
社長

1 いつ行けばいいのか？

入院の知らせを聞いたからと直ちにお見舞いに行くのはＮＧ。まずは相手の容態を家族の方に聞いてからだ。家族と連絡が取れなければ入院している病院へ問い合わせてみよう。

病状を聞いた上でお見舞いに行って構わないかどうか、家族の方か病院に聞いてみること。

お見舞いが可能なら、だいたいいつごろ行くかを伝えておくとよいだろう。一般的には入院直後や手術直後は本人が疲れているので避けるのが無難。

病院の面会時間や場所は、家族の方を煩《わずら》わせるよりも病院に直接問い合わせた方がよい。

2 お見舞い品は何がよいの？

- 香りの強い花や大きいものは避ける
- 鉢植えは避ける
- 生花はアレンジメントがよい
- 実用品が喜ばれる

お見舞い品は生花や食べ物が一般的だが、病気によっては食べ物に制限がある場合もあるので、お見舞いに行って構わないかどうかを問い合わせる際、家族の方や病院に確認しておくとよい。

花は香りの強いものや置き場に困る大きなものは避けること。また**鉢植えは「寝付く（＝病気が長引く）」**に通ずるため、避けた方が無難だ。**シクラメンは「死」「苦」**に通ずる、椿は花ごとぽとりと落ちる、菊は葬式を連想させる、アジサイは色あせていく、などの理由でこれらの花も避けた方がよい。

病院内で携帯電話は使用禁止なので、テレフォンカードは喜ばれる

切花は病室に花瓶がなかったり水の取り替えなどが大変だったりと、かえって負担になることも。生花を贈るなら、オアシスに挿してカゴに活けたいわゆるアレンジメントを贈ると手間がかからずよいだろう。病院によっては生花をいっさい病室に持って入れないところもあるので注意したい。

それ以外のお見舞い品としては、退屈しのぎの本や入院中に使う実用品も喜ばれる。**パジャマは「長く寝る」**に通ずるということで、特に年配者は嫌うので避けた方がよい。

3 お見舞いの金額と渡し方

適切な品物が思い浮かばなければ現金を贈るのがよい。入院にはお金がかかるので現金は喜ばれるものだ。

金額は個人なら5000円程度、身内でも1万円くらい。グループなら一人あたり2000～3000円程度に。4（死）と9（苦）のつく数字は避けるのが常識だ。

白い封筒か、のしのない紅白の結びきりの水引が印刷された袋に入れて渡す。

4 病室でのマナー

大人数で見舞ったり、長時間見舞うと相手が疲れてしまう。**せいぜい15〜30分程度**にしよう。

派手な服装や化粧をしていくのは避けること。**小さな子供は連れて行かない**方がよい。

また過度な励ましや同情めいたことを言ったり、病状や原因についてしつこく尋ねたりしないように注意しよう。たとえ本当に思いやりの気持ちから出た言葉でも、相手にとっては辛い場合もあるのだから。

病室が個室でない場合は、同じ部屋にいる他の患者さんの迷惑にならないよう気をつけよう。大声で話したり、他の患者さんをじろじろ見たりするのはたいへん失礼だ。また相部屋だと話の内容がどうしても他の患者さんにも聞こえてしまう。病院の噂や本人のプライバシーに関わる話題は避けるのがマナー。

5 快気内祝いについて

キミが入院してお見舞いを受ける立場だった場合、退院後お見舞いのお礼をするのがマナー。

「快気祝い」「快気内祝い」と呼ばれるもので、元気になった報告とともに品物を贈る。

お見舞いにもらったものの半額程度のもので、食品類や石鹸など消耗品にするのが一般的。

紅白の結びきりの水引で、表書きは「快気祝」「快気内祝」とする。完治していない場合でも退院後1カ月以内を目安に「御見舞御礼」として快気祝いと同様のものを贈る。

お中元・お歳暮 7の法則

お中元やお歳暮は日ごろお世話になっている人へ感謝の気持ちを伝えるのが最大の目的だ。義務感などからいやいや贈っていては、投げやりな態度が贈り物にもどこかしら現れてしまう。

逆にいくら素直な感謝の気持ちがあったとしても、適切なマナーを知らなければ、相手に失礼にあたってしまうおそれもある。

お中元やお歳暮の基本マナーを覚えておけば、何かのお礼や出産・引越し祝いなどイレギュラーな贈答にも応用がきくはずだ。

1 どんな人に贈ればよいのか

お中元やお歳暮の対象とされているのは恩師、上司や取引先、その他お世話になった人というのが一般的だ。

注意したいのは上司や取引先。近年では会社全体として贈答を廃止している場合もあるので確認しておこう。また上司に贈る場合、ひとりで判断するよりも同僚や先輩などと相談してからの方が安心だ。自分だけ抜け駆けする結果になったり、上司の嫌いなものを贈ったりという事態を避けられる。

贈り物をもらうのが好きな上司もいるので社内の人に贈る場合は、先輩などから情報を集めておこう。

また、何かの折にだけお世話になった相手の場合は、３年を区切りにやめても構わない。

2 贈るタイミングは？

お中元はお盆まで、つまり**7月1日～15日**までの間に贈るのが基本。旧盆の習慣がある地域では８月１日～15日までとなる。

お歳暮は**12月10日～20日**までに贈るのが基本。年末の繁忙を避けるため25日を過ぎないように気をつけよう。

3 時期を逃してしまった場合は?

お中元は**6月下旬から8月15日**までなら構わない。

ただし表書きを変える必要がある。7月15日までなら「御中元」、立秋(8月8日ごろ)までなら「暑中御見舞」「暑中御伺」、8月15日までなら「残暑御見舞」「残暑御伺」とする。

お歳暮の場合も**12月10日から翌年の立春**(2月4日ごろ)までなら構わない。表書きは年内なら「御歳暮」、年始から松の内(1月7日)までは「御年賀」、立春までなら「寒中御見舞」「寒中御伺」とする。

中元の表書き

6月下旬~7月15日

御中元

7月16日~8月8日(立秋)ごろ

暑中御見舞

暑中御伺

8月8日ごろ~8月15日

残暑御見舞

残暑御伺

歳暮の表書き

12月10日~年内

御歳暮

年始~1月7日(松の内)

御年賀

1月8日~立春

寒中御見舞

寒中御伺

4 値段の目安はどのくらい？

相手との関係にもよるが、20代の新社会人ならだいたい3000円が基本だろう。

中元と歳暮とでは１年の締めくくりという意味合いからか、歳暮の方をやや高くする傾向がある。

中元と歳暮の両方を贈るのが経済的に難しい場合は、歳暮だけを贈るのがよいだろう。

5 どんなものを贈ればよいか

相手に喜んでもらえるということをまず頭に置いて選ぼう。

たとえば食品類でも、小さな子供のいる家なら子供にも食べられるものを、老夫婦なら量は少なくても上等なこだわり品を、という具合だ。

お酒が飲めない相手にお酒類を贈ったりしないよう、相手の好みや暮らし方を知っておくのも大切だ。

よくわからない場合や贈り物をたくさんもらいそうな相手の場合、商品券など金券も喜ばれるはず。

また、毎年決まって同じ物を贈るのもよいだろう。

●贈ってほしい品目ベスト10●

	お中元	お歳暮
1位	商品券・ギフト券	商品券・ギフト券
2位	ビール	ハム・ソーセージ
3位	ビール券	ビール券
4位	ジュース券	ビール
5位	洗剤	食用油
6位	食用油	商品選択型ギフト券
7位	商品選択型ギフト券	洗剤
8位	めん類	コーヒー
9位	フルーツ	魚介・肉類
10位	洋菓子	のり

(三和銀行調べ「金銭がらみおつきあい調査」1998年)

6 のし、水引について

「のし」は祝儀用の贈り物のみにつけ（弔事や病気見舞いなどにはつけない)、必ず包みの右肩につけるのがマナーだ。

これに対し「水引」はどんな目的の贈り物にもつける。ただし色や結び方が目的ごとに違うので要注意。

慶事には紅白、金銀、金赤を、弔事には黒白、銀白、黄白を使う。結び方は弔事や結婚の場合は「結びきり」に。これは結んだ先が上へ向いて切られた格好のもので、「一度きり」の意味がある。

それ以外のお祝いやお中元・お歳暮のような、何度繰り返してもよいことの場合は「蝶結び」にする。

また「のし」と「水引」が印刷されたものを「のし紙」と呼ぶ。デパートなどではこれを品物につけるのが一般的だ。

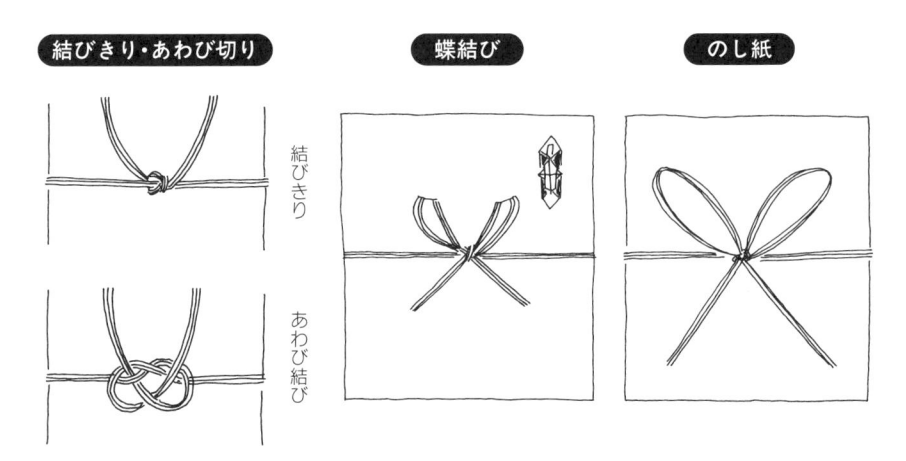

結びきり・あわび切り

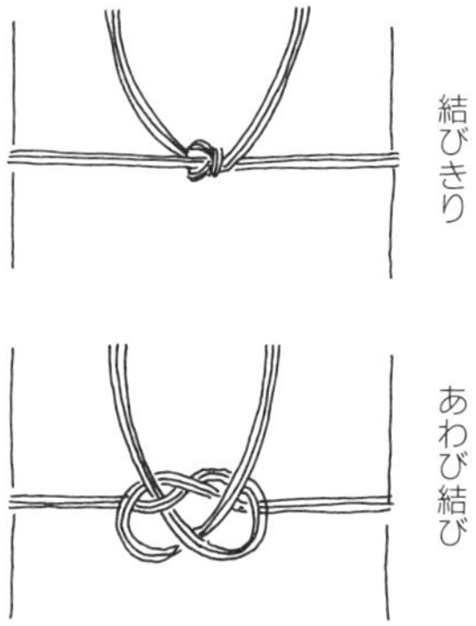

蝶結び

のし紙

7 先方が喪中でもOK?

日頃の感謝の気持ちを伝えるのが中元・歳暮の目的なので、先方が喪中でも基本的には贈って構わない。

のし紙も普通に、紅白の蝶結びの水引が印刷されたもので構わない。ただし四十九日が済んでから贈るように気をつけよう。

手紙・ハガキの書き方8の法則

少しあらたまった場合や目上の人には、やはり手紙やハガキを送りたい。相手にどんな気持ちを伝えたいかをはっきり意識すればじょうずな手紙が書けるはず。

1 どんなときに手紙やハガキを書くの？

年賀状や暑中見舞だけでなく、どんなときでも手紙やハガキは出して構わない。たとえば何かをいただいたときやお世話になったときのお礼状。これはなるべく早く出す方がよい。

頂きものをした場合なら２、３日以内には出したい。宅配便などで届いた場合は、まず電話で無事受け取った旨をお礼とともに述べて、おってお礼の手紙を出そう。

逆にこちらが中元や歳暮を配送してもらうときには、送り状を添える。

相手に赤ちゃんが誕生した際には出産祝い。ご不幸があったのに葬儀等に出席できなければお悔やみの手紙。

病気の相手を見舞うことができない場合のお見舞い状。結婚式などの招待を断ったり、頼まれごとを断ったりする際に出すお断りの手紙などなど。

人間関係のあるところ、手紙やハガキも必ずあると考えてよいだろう。

2 手紙の基本

手紙には決まった形式があり、それに則って書くのが礼儀にかなっているし無難でもある。

まず**最初に来るのが頭語**。「拝啓」「前略」「謹啓」といったものだ。拝啓は目上の人や親しい人など一般的に使用され、前略は季節などのあいさつなどの前文をはぶく場合に使用されるので目上の人に対しては使用しない方がよい。謹啓は丁重な使い方になる。

次に時候のあいさつ。季節ごとに定まったパターンがあるので、それを書けばよい。「立春の候」「初夏の候」といった漢文調、あるいは「梅のつぼみもそろそろふくらむころ」「緑がひときわ濃くなってまいりました」といった柔らかい調子のものがある。

3番目に前付け。これは「その後お変わりございませんか」、「ご清栄のことと存じます」など相手の安否を問い、「私も元気に暮らしております」など自分の近況を伝える部分。

4番目にいよいよ主文。「さて」「さっそくですが」などで切り出して、手紙の用件に入っていく。

5番目に結び。「まずは書中にてお知らせ申し上げます」のように用件をまとめたり、「ご自愛のほどお祈り申し上げます」と相手の健康や繁栄を祈ったりする。

6番目に結語。頭語と対応するもので、「敬具」「草々」など。草々は目上の人に使用しない方がよい。そして**7番目に後付け**として、日付、署名、住所などを書く。

主な頭語と結語の使用例

目　的	頭　語	結　語
丁　重	謹啓　粛啓　謹呈	謹言　謹白　再拝
一　般	拝啓　拝呈　啓上	敬具　拝具　敬白
急　用	急啓　急陳　急呈	敬具　拝具　草々
再発信	再啓　再呈　追啓	敬具　拝具　敬白
返　信	拝復　復啓　拝答	敬具　拝具　敬白
前文省略	前略　冠省　略啓	草々　不一　不備

手紙の書き方

頭語

拝啓

時候

新緑が目にしみる季節になってまいりました。

前付け

貴社益々御隆盛のことと大慶に存じます。平素はひとかたならぬご高配にあずかり、厚く御礼申し上げます。

主文

さて、私どもかねてより皆様のご支援のもとに、流通事業を目的とする新会社設立を準備しておりましたが、このたび下記により開設、発足する運びとなりました。

つきましては、今後なにとぞ格別のご愛顧、ご支援を賜わりますよう心からお願い申し上げます。

結び

まずは略儀ながら書中をもってごあいさつ申し上げます。

敬語　　結語

※会社の場合は日付、住所、電話番号、事業内容、著名などが入る　　後付け

時候のあいさつ例

■ 新年

●賀正　●賀春　●謹賀新年　●迎春　●迎年　●新年おめでとうございます　●謹んで新年のお慶びを申し上げます　●謹んで迎春のごあいさつを申し上げます　●新春の御祝詞を申し上げます　●初春のお慶びを申し上げます

■ 1月〔睦月（むつき）〕

●新春の候　●初春の候　●春寒の候　●寒月の候　●厳冬の候　●大寒の候　●厳寒の候　●例年にない寒さでございますが　●寒さ厳しい折から

■ 2月〔如月、更衣（きさらぎ）〕

●立春の候　●春寒の候　●残冬の候　●残雪の候　●まだ寒さが去りませんが　●寒さしのぎやすくなり　●立春とは名ばかりの今日このごろ　●梅のつぼみもまだ堅いようですが　●梅のつぼみもようやくほころびはじめ　●梅一輪ずつの暖かさと申しますが　●春の足音が聞こえてくるような

■ 3月〔弥生（やよい）〕

●早春の候　●迎梅の候　●春陽の候　●春暖の候　●迎春の候　●春浅く風も冷たく　●春光うららに　●春まだ浅いこのごろ　●春色もなごやかに　●四方の山々もすっかり春めいてきました　●水ぬるむころとなり

■ 4月〔卯月（うづき）〕

●春暖の候　●桜花爛漫の候　●春陽の候　●うららかな季節を迎えましたが　●桜も咲き揃い　●春眠暁をおぼえずという季節　●春の装いも美しく　●いつしか花の盛りも過ぎ　●いつしか葉桜のころとなり

▩ 5月〔皐月、五月〔さつき)〕
●新緑の候 ●立夏の候 ●初夏の候 ●若葉の候 ●新緑が目にしみる季節になりました ●澄み渡った五月の空に ●もうすっかり夏めいて ●初夏の季節となりましたが ●すがすがしい新緑の候

▩ 6月〔水無月〔みなづき)〕
●初夏の候 ●梅雨の候 ●さわやかな初夏の候 ●あじさいの花が雨に映える季節と ●衣がえの季節になりました ●つつじの花が初夏の日射しに燃えて ●梅雨明けが待たれるきょうこのごろ

▩ 7月〔文月(ふみづき、ふづき)〕
●大暑の候 ●盛夏の候 ●酷暑の候 ●梅雨も明け、いよいよ本格的な夏がやってきました ●暑気日ごとに加わってまいりましたが ●暑さ厳しい折から ●海や山が恋しい季節となりましたが ●例年になく厳しい暑さの毎日ですが

▩ 8月〔葉月(はづき)〕
●盛夏の候 ●晩夏の候 ●残暑の候 ●今年の暑さはまた格別で ●暑さひとしお厳しい毎日です ●暦のうえではもう秋ですが ●残暑なお厳しい折から

▩ 9月〔長月、菊月(ながつき、きくづき)〕
●残暑の候 ●初秋の候 ●残暑なお厳しい折から ●日中はまだ暑さが厳しい昨今ですが ●ようやくしのぎやすい季節になりました ●新秋を迎えるころとなりましたが ●さわやかな好季節を迎え ●さわやかな初秋の季節となりましたが ●秋の気配もそこはかとなく ●日増しに秋の深まるこのごろ ●コスモスの花咲く秋の訪れに ●秋の夜長を迎え ●虫の音が夜ごとに繁くなり

▩ 10月〔神無月(かんなづき)〕
●秋冷の候 ●秋涼の候 ●晩秋の候 ●秋風の澄み渡った好季節となりましたが ●秋晴れの候 ●秋色いよいよ深く ●うららかな秋晴れの候 ●実りの秋となりました ●野山の錦の彩りも美しく ●紅葉燃える季節

▩ 11月〔霜月(しもつき)〕
●晩秋の候 ●味覚の秋となりました ●紅葉の色もようやくあせて ●銀杏の葉が一夜に黄色くなり ●秋も深くなってまいりました ●はや晩秋となりましたが ●朝夕はめっきり冷え込む昨今 ●寒さが日ごとに加わってまいりましたが ●日増しに寒さが加わってまいりましたが ●日ごとに寒さがつのり ●肌寒い日が続きます ●夜寒の身にしみるころとなりました

▩ 12月〔師走(しわす)〕
●初冬の候 ●厳冬の候 ●寒冷の候 ●師走の候 ●初冬の季節となりました ●木枯らし吹きすさぶ季節 ●寒さいよいよ厳しく ●いよいよ本格的な寒さとなりましたが ●月日の経つのは早いもので ●本年もいよいよ残り少なく ●年の瀬もいよいよおし詰まり ●早いものでもう年の暮れとなりましたが ●年末ご多忙の折から

3 封書、ハガキの美しい書き方

和封筒の場合

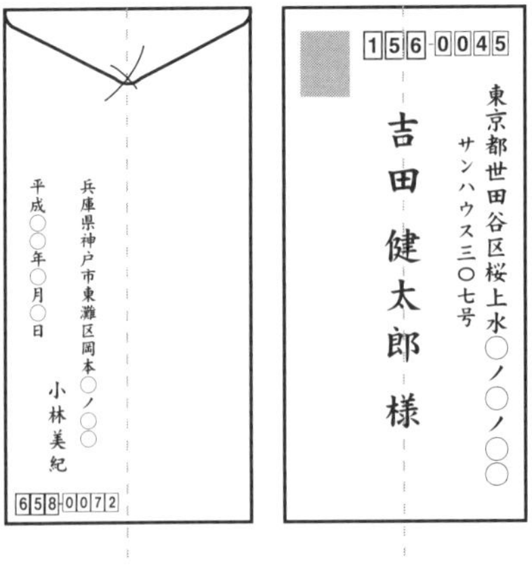

縦長の和封筒の場合。住所は1、2行に収め(2行にわたるときは2行目を1、2字分下げる)、相手の氏名が封筒の中央になるようにする。

相手の氏名は住所より大きな文字で書く。裏面は、縦の継ぎ目の左側に自分の住所氏名を書くのが一般的。

日付は左上に。封じ目には「〆」「封」などの封字を書く。

洋封筒の場合

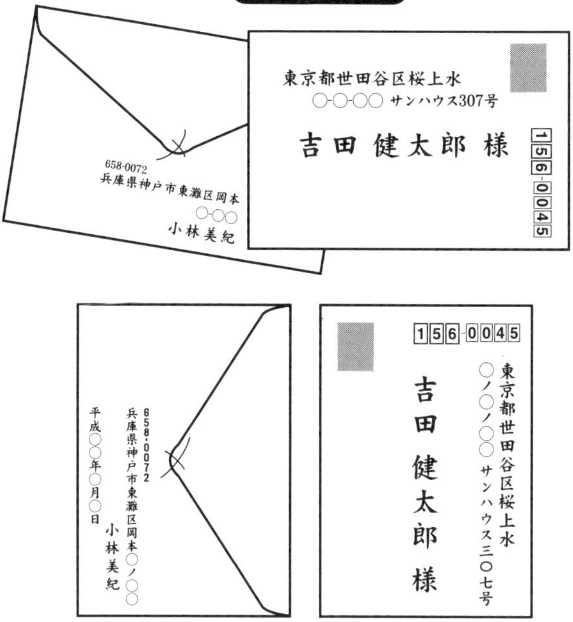

洋封筒の場合。文字を縦書きにする場合は、封じ目が左になるように置いて表側に宛名を書く。

裏面を書くときは、封じ目を右側にして置き、自分の住所氏名を左に寄せて書く。

友人などに出すなら横書きでも構わない。

その際裏面は封じ目より下の中央に自分の住所氏名を書く。

ハガキの場合は表に宛先と自分の住所氏名も書くので全体のバランスを考えよう。相手の氏名がハガキ中央に来るようにし、自分の住所氏名は切手の下あたりに収まるように。本文もバランスを考え、余白が多くなったり、左側の字がどんどん小さくなったりしないよう気をつけよう。

年賀状や書中見舞状は、普段のハガキほど文字を多くしなくてもよい。

印刷でも構わないが、手書きの言葉をひと言添えるのがマナー。

また封書、ハガキともに親しい友人以外には**縦書きが基本**だ。

ハガキの場合

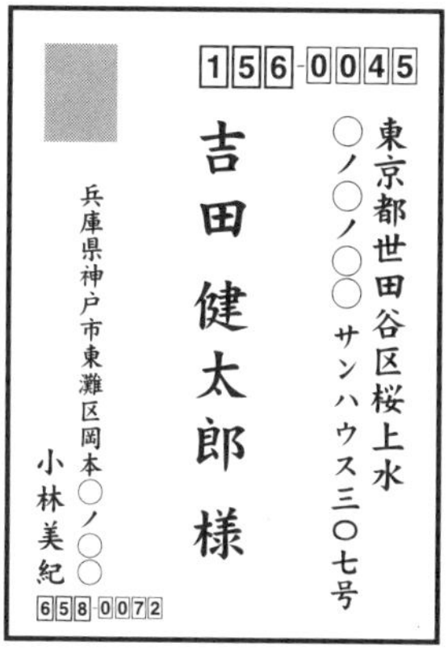

4 表書きの「様」「殿」「御中」の使い分けは？

個人に宛てる場合はビジネスでもプライベートでは現在は「様」が一般的。夫婦両方に宛てるなど複数の宛名を書く場合は、**それぞれの名前の下に「様」をつける**。１つの「様」でまとめるのはたいへん失礼だ。

「殿」は、宛名として氏名と役職を記載する場合に用いるとよい。

相手が医師や教師、弁護士や芸術家などの場合は「先生」とするとよい。

「御中」は会社や官公庁などの団体名につける敬称。団体名の真下ではなくやや左寄りに小さめに書く。「○○係」などの場合も必ず「○○係御中」とすること。

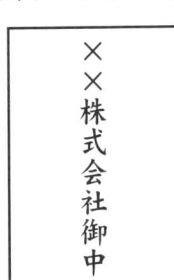

相手が団体の場合

××株式会社御中

役職を記載する場合

○○株式会社△△部
小川部長殿

相手が複数の場合

吉田
健太郎様
加奈子様

5 手紙の後付けに書く署名はフルネーム？

手紙では、文章が終わり「敬具」など結語を書いて日付を入れたら、相手の名前と自分の名前を書く。

このとき、相手の名前は「鈴木様」のように苗字に敬称を、自分は「山本川男」のようにフルネームを書くのがマナー。

6 便箋１枚で書き終えてしまったら、白紙便箋を１枚添える？

文章が１枚きりで終わらないように工夫すればよい。たった１枚で終わってしまうほど短い文章が失礼なのだから。

少し言葉を尽くしたり、少しだけ大きめの字で書いたりすれば、意外に２枚くらいは書けるはず。

２枚といっても本文が２枚目の２、３行あたりまであれば最低ゆるされる。そのあとに結びのあいさつや結語、後付けを添えれば、どうにか形になるはずだ。

7 誤字脱字をしてしまったらどうする？

親しい友人への手紙でないかぎりは、書き直した方がよい。修正液などでその部分だけを直しても、受け取った人には直してあることがわかる。すると人によっては「不精なことを」と不快に感じる場合もあるからだ。

とりわけお詫びやお悔やみ、お礼やお祝いなどあらたまった手紙は絶対に書き直そう。

封筒の表書きで誤字脱字をした場合は、必ず書き直すべし。**相手の名前を間違えるのは最大級のマナー違反**だ。

8 手紙のタブー

相手が目上の場合、「あなた様」「先生」など相手を指す言葉が行の終わりに来たり、2行に分かれたりしないようにする。

行末が少し空いても構わないので次の行の頭に持ってくるようにしよう。

また「私」など自分を指す言葉が行の頭に来ないようにする。

先日は、お心のこもったお
祝いをいただきまして、ほん
とうにありがとうございまし
た。
先生のお心遣いに、私どもも
感謝の気持ちで一杯です。大
切に使わせていただきます。

ボクの失敗談

相手の役職が変わっていたのを知らずに……

しばらくご無沙汰をしていた取引先の課長に、とある用件で手紙を出した。ところが投函したあとで、その課長は現在部長に昇進していることを知った。封筒にも中の便箋にも「○○××課長様」としっかり書いてしまってある。しかし今さら手紙は取り戻せない！　ボクは大慌てで相手に電話をかけ、事情を話してとにかく謝ったんだ。その時点ではまだ手紙が届いていなかったようで、理由を知って相手もゆるしてくれたよ。ビジネスの手紙を出すときは、相手の役職や部署を再確認してから出そう。

弘兼憲史（ひろかね　けんし）

1947年山口県生まれ。早稲田大学法学部卒。松下電器産業販売助成部に勤務。退社後、76年漫画家デビュー。以後、人間や社会を鋭く描く作品で、多くのファンを魅了し続けている。小学館漫画賞、講談社漫画賞の両賞を受賞。家庭では二児の父、奥様は同業の柴門ふみさん。代表作に『課長　島耕作』『部長　島耕作』『加治隆介の儀』『ラストニュース』『黄昏流星群』ほか多数。『知識ゼロからのワイン入門』（幻冬舎）などの著書もある。

装丁　亀海昌次
シンボルマーク　秋山孝
装画　弘兼憲史
構成　㈱ナヴィ　インターナショナル
本文漫画　『課長　島耕作』『部長　島耕作』（講談社）より
本文イラスト　佐々木みえ　秦野くみこ
写真撮影　井上博行
本文デザイン　古澤久美（㈱ナヴィ　インターナショナル）
編集協力　菊池友彦　北河原美乃
編集　鈴木恵美（幻冬舎）

知識ゼロからのビジネスマナー入門

2002年３月10日　第１刷発行
2011年４月30日　第９刷発行

著　者　弘兼憲史
発行人　見城　徹
編集人　福島広司

発行所　株式会社 幻冬舎
〒151-0051　東京都渋谷区千駄ヶ谷4-9-7
電話　03-5411-6211（編集）　03-5411-6222（営業）
振替　00120-8-767643
印刷・製本所　株式会社 光邦

検印廃止

ISBN4-344-90029-4 C2095
Printed in Japan
幻冬舎ホームページアドレス　http://www.gentosha.co.jp/
この本に関するご意見・ご感想をメールでお寄せいただく場合は、comment@gentosha.co.jpまで。